Le sue braccia, il mio rifugio

Le sue braccia, il mio rifugio

Il mio viaggio dall'oscurità alla luce con Sri Mata Amritanandamayi

di Gretchen Kusuma McGregor

Pubblicato da:
Mata Amritanandamayi Center
P.O. Box 613
San Ramon, CA 94583
Stati Uniti

———————— *In the shelter of her arms (Italian)* ——————

Prima edizione a cura del MA Center: agosto 2016

In Italia: www.amma-italia.it

In India:
inform@amritapuri.org
www.amritapuri.org

Le sue braccia, il mio rifugio

Il mio viaggio dall'oscurità alla luce con
Sri Mata Amritanandamayi

di
Gretchen Kusuma McGregor

Mata Amritanandamayi Center, San Ramon
California, Stati Uniti

Dedica

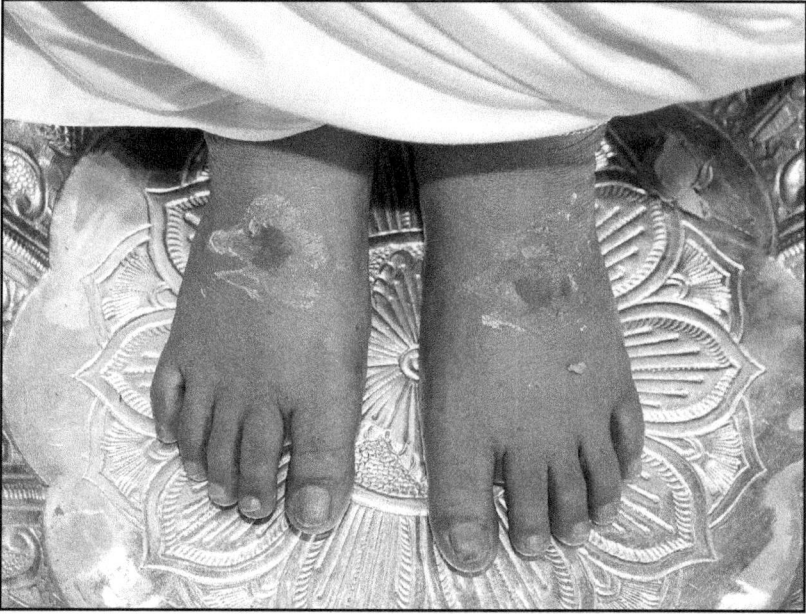

Questo libro è umilmente dedicato a
Adi Para Shakti,
la suprema, ancestrale Madre Divina,
che, in verità, si è incarnata nella forma di
Sri Mata Amritanandamayi,
la Madre di dolce Beatitudine,
e a tutti i Suoi cari figli
accorsi da Lei.

Indice

Premessa

Agosto 1981
Copenaghen, Danimarca

Chi di noi può dire con precisione quando è cominciato il suo viaggio cosciente verso il risveglio? Spesso solo dopo molti anni, ripensandoci, realizziamo qual è stato il momento esatto in cui il primo barlume di Verità ha attirato la nostra attenzione, quando una persona o un evento ci hanno fatto prendere coscienza di com'è veramente il mondo, e da quel momento in poi non è stato più possibile percepirlo come prima.

A me è successo in una libreria, nei pressi dei giardini di Tivoli, in Danimarca. Quel giorno faceva incredibilmente caldo per un paese del nord Europa e mi ero rifugiata in un reparto della libreria segnalato come "Mitologia", alla ricerca di una buona lettura per il mio viaggio di ritorno in treno in Norvegia, dove studiavo quell'estate. L'Università di Oslo ospitava per due mesi un corso internazionale per la pace nel mondo, condotto dall'Istituto di Ricerca per la Pace di Oslo (PRIO) e io lo stavo seguendo. Non potevo immaginare che la mia fuga di un fine settimana in Danimarca avrebbe cambiato per sempre la mia vita.

Stavo dando un'occhiata un'occhiata ai titoli esposti, quando un libro cadde improvvisamente a terra da uno scaffale alle mie spalle. Mentre mi chinavo per rimetterlo a posto, il titolo catturò la mia attenzione: "Quando Dio era una Donna" di Merlin Stone. Hmmm... Essendo cresciuta in una famiglia di agnostici protestanti convinti, una delle mie più grandi paure era quella che un giorno qualcuno mi chiedesse cosa pensassi di Dio. Non avrei saputo cosa dire, ero del tutto ignorante in materia. Così pensai: "Perché no?" Essendo un'intellettuale, ero abituata a leggere libri su argomenti che volevo approfondire. Quanto all'idea che Dio potesse essere una donna, la questione assumeva in quest'ottica una luce completamente nuova. Comprai il libro.

E lo lessi davvero. O fu il libro a leggere me? Nel momento in cui lo aprii, ne fui totalmente assorbita, incapace di posarlo prima di averlo divorato fino all'ultima pagina e aver meditato su ogni nota, per poi ricominciare da capo. Ero ipnotizzata dalla storia del culto della Grande Madre fin dai tempi più antichi, in tutti gli angoli della terra. Da questo studio delle antiche religioni legate alla Madre Divina emergeva un quadro di profonda compassione e sacro potere, l'immagine della Madre Divina brillava di una verità profonda: la Grande Madre era Dio.

Ciò che più mi colpì fu il fatto che quelle antiche tradizioni, un tempo così diffuse, potessero rimanere tanto nascoste alla vista dei contemporanei. Come poteva una giovane donna come me, colta e viaggiatrice, studentessa di scienze ambientali all'Università di Berkeley in California e iscritta al prestigioso programma estivo PRIO, ignorare questo affascinante aspetto della storia dell'umanità? Ero profondamente addormentata o ero soltanto il prodotto della mia cultura, che sembrava prosperare sulla perdita della memoria storica?

In ogni caso, il mio cuore era elettrizzato all'idea della Grande Madre! Se veniva adorata nei tempi antichi, dov'era adesso che il mondo aveva così tanto bisogno di Lei? Dal mio punto di vista, il bisogno di pace e giustizia non poteva essere mai stato più grande, vivere in armonia con la natura era la necessità del momento. Nonostante avessi solo vent'anni, sentivo che, se l'umanità aveva anche solo una speranza di raggiungere quei nobili ideali, allora niente avrebbe potuto aiutarci di più che il lasciarci trasportare dal soffio della Madre Divina. Leggendo questo libro, la mia visione del mondo cambiò: avevo appreso che la Madre era la Sorgente del Tutto e decisi di cercarLa.

Cominciai a pregare. Non avevo mai pregato in vita mia ma, tutto a un tratto, invocare la Grande Madre mi parve incredibilmente naturale. Cominciai a scrivere delle canzoni, che in realtà erano brevi canti sacri, in omaggio alla Madre. Quando tornai all'Università di Berkeley, alla fine dell'estate, creai un "circolo spirituale" con alcuni amici. Ci incontravamo nella foresta di sequoie o sulla costa del Pacifico e cantavamo le nostre canzoni, volteggiando in cerchio come i dervisci, poi ci sedevamo tranquillamente in quello che, capii più tardi, era uno stato di meditazione. Provavamo a visualizzare la Grande Madre e le chiedevamo di guidarci. A volte piangevo pensando al grande bisogno della terra, delle persone e degli animali di essere ricordati e aiutati dalla Grande Madre.

Ricordo ancora il testo di una delle canzoni che scrissi:

Dea del mondo, la tua storia non è rivelata,
svela il mistero di come il tuo potere
è stato spezzato, rubato.
Figlie della terra,
radunate, siamo molte donne forti.
Insieme spezzeremo le catene che ci legano,
ci controllano e ci tengono prigioniere.
Cerchio spirituale donaci potere,
fa' che il mistero si sveli, fa' che il mistero si sveli...

Il legame che noi tutti sentivamo con la Grande Dea era palpabile, ma non c'era nessun punto di riferimento esterno che potesse affermare la Sua presenza nel mondo moderno. Intorno a noi, tutto era basato sul materialismo, ci preparavamo a diventare buoni consumatori, ingranaggi di una ruota, soldati in guerra. Ronald Reagan era stato appena eletto e il sistema della registrazione obbligatoria, precursore del progetto Selective Service (attraverso il quale il governo degli Stati Uniti detiene informazioni sui giovani tra i 18 e i 25 anni potenzialmente soggetti a servizio militare, N.d.T.) era stato ripristinato. Ci fu l'incidente della centrale nucleare di Three Mile Island. Tutti noi ci laureammo e ognuno prese la sua strada, tutti alla ricerca del Sogno Americano, qualunque esso fosse.

RAGAZZA DI CAMPAGNA
California del nord
Giugno 1982

La tappa successiva fu un tirocinio di sei mesi in una fattoria biologica di Covelo, una cittadina della California del nord. L'idea era di allontanarmi dall'atmosfera velenosa e dispersiva della città per imparare a vivere in campagna. Mi sarebbe stato più facile entrare in sintonia con la Grande Madre vivendo in armonia con Madre Natura. Fino a quel momento, tranne qualche escursione con mio nonno nei fine settimana sui Monti Laurel, a ovest della Pennsylvania dov'ero cresciuta, ero sempre stata una perfetta ragazza di città. Ma adesso ero convinta che fosse arrivato il momento di spezzare una delle catene più evidenti che mi imprigionavano, ovvero la mia completa ignoranza di come la maggior parte del mondo vivesse e lavorasse duramente. Sognavo di sviluppare il mio intuito e di lasciarmi guidare dalle mie preghiere verso le braccia della Madre Divina. Il mio scopo era fare qualcosa per rendere migliore il mondo.

Uno dei miei molti compiti come stagista nella fattoria era andare a prendere le due mucche da latte al pascolo, la mattina presto, e mungerle a mano. Mi rivedo ancora seduta sullo sgabello con gli avambracci doloranti per lo sforzo di mungere quasi venti litri di latte mentre pensavo: "Ti prego Daisy, non dare un calcio al secchio", e poi: "In qualche modo tutto questo dev'essere collegato alla Madre Divina!" Sedevo lì e mi concentravo intensamente sulla Madre Divina... "Dove sei? Dove sei?" ripetevo senza sosta! Il pensiero della Grande Madre si radicò nella mia mente.

La fine dei miei sei mesi di lavoro come mungitrice si avvicinava e non avevo idea di cosa fare in seguito. La mia famiglia della East Coast un'idea invece l'aveva: dovevo trovare un impiego! Non avevo più tempo per cercare la Grande Madre e dovevo piegarmi al giogo del mondo del lavoro. Ma almeno potevo scegliere dove vivere. La via migliore per fare una buona scelta era ovvia: cercare di avere una 'visione'. Così salii in bicicletta fin sulla collina più alta di Covelo Valley, dove in tempi passati la tribù indiana Pomo cercava di entrare in comunione con Madre Terra.

Ed ecco il giorno del Ringraziamento del 1982. Cercando la mia visione, lasciavo tutto nelle mani della Grande Madre. Così mi ero ripromessa, giusto? Restai seduta per ore su quella collina deserta. Pregavo, piangevo un po', e così per ore ed ore. Per tutto il giorno aveva piovigginato, ma adesso pioveva a dirotto. Ero molto affamata e alla fattoria mi aspettava la festa del Ringraziamento, ma non avevo ancora avuto la mia visione. Mi chiedevo quanto a lungo avrei dovuto aspettare. Morivo di fame e faceva freddo, tutto questo non era sufficiente perché la Madre venisse in mio soccorso? Stava calando la notte, scendeva l'oscurità. Cercando di fare chiarezza un'ultima volta nella mia mente, mi concentrai dolcemente su ciò che avevo bisogno di sapere: "Dove? Dove? Dove?".

Improvvisamente udii una voce sorta dal nulla dirmi con chiarezza: "Le montagne del Nuovo Messico... una donna saggia si trova là". Grazie, grazie, Grande Madre! Era ciò di cui avevo bisogno per fare il mio prossimo passo. Ripresi la bicicletta e mi diressi velocemente verso la fattoria con l'ultimo barlume di luce.

"Vai in Messico? Ma se non parli nemmeno lo spagnolo!" fu la reazione della mia famiglia alla notizia.

"*Nuovo* Messico" ribattei, immaginando che questo li avrebbe rassicurati. E "No, non ho ricevuto nessuna offerta di lavoro. Non ancora".

Non si sentirono rassicurati ma sapevano benissimo che era inutile opporsi alla testardaggine della loro figlia maggiore. Arrivai a Taos, Nuovo Messico, per Capodanno.

RAGAZZA DI MONTAGNA

Gennaio 1983
Taos, Nuovo Messico

Ero nel pieno dei miei ventidue anni e ne potevo sentire la magia. Stavo aprendo la mia vita alla Grande Madre. Le montagne, i canyon e il Rio Grande divennero le mie fonti d'ispirazione. Lì era facile sentire la presenza della Madre Divina, era ovunque: negli arcobaleni del tardo pomeriggio, nell'aria profumata di salvia in cui i cactus del deserto fiorivano dopo preziose piogge, nell'urlo penetrante dei coyote a mezzanotte. E, sullo sfondo, le montagne Sangre de Cristo, ritenute sacre dalla tribù Pueblo di Taos, svettavano per più di 3.500 metri.

In una settimana trovai lavoro come cuoca, preparavo le colazioni in uno snack bar che si chiamava Apple Tree. Non era esattamente quello che la mia famiglia sognava per me, ma avevo finalmente un lavoro. La maggiore dei loro cinque figli si stava mantenendo da sola e i miei genitori non potevano lamentarsi. Dal canto mio, pur essendo un po' troppo qualificata per quel lavoro, ero assolutamente certa di aver fatto la scelta giusta: ero stata guidata qui e dovevo solo aspettare pazientemente.

Per tutto l'inverno, prima dell'alba, la mia fidata bicicletta mi permise di percorrere i tre chilometri che mi separavano dal lavoro: un freddo pungente assaliva i miei polmoni a più di 2.000 metri di altezza, le ruote della bici scricchiavano sulla strada ghiacciata e i cani del vicinato mi mordicchiavano i talloni perché non sconfinassi nel loro territorio. Nel pomeriggio sciavo temerariamente giù per le difficilissime piste della Taos Ski Valley. E continuavo a pregare, dal profondo del mio cuore. Cantavo spesso:

Tutti noi veniamo dalla Madre,
a Lei ritorneremo
come gocce di pioggia
che scorrono verso l'oceano...

LA RAGAZZA DEL FIUME
Estate 1983
Pilar, Nuovo Messico

Quell'estate lavorai come cuoca in un caffè di Pilar, un villaggio di circa duecento abitanti a sud di Taos, soprannominato scherzosamente il Caffè del Pilar Yacht Club per la sua vicinanza al club di rafting del Rio Grande. Pensavo che vivere vicino a un fiume mi avrebbe aiutata a entrare in connessione con la Grande Madre. Incontrai una famiglia del posto che mi offrì una sistemazione gratuita in un piccolo camper, parcheggiato proprio sulla sponda del fiume. La madre si chiamava Meadow e aveva due figlie: Ajna e Riversong. Meadow e le sue figlie avevano scoperto la mia profonda attrazione per la Grande Madre e nutrivano la stessa inclinazione. Avrei realizzato solo più tardi l'importanza del dono di Meadow.

Adesso, come passatempo estivo, nuotavo anziché sciare. Appena sveglia m'immergevo nell'onda vivificante della sorgente Del Norte, le cui acque raccoglievano la neve sciolta, e il freddo mi faceva mancare il respiro. In quel momento la comunione con la Grande Madre avveniva senza sforzo: era incantevole rimanere seduta a gambe incrociate sul prato verde smeraldo accanto al fiume ed entrare in uno stato di sogno. Seduta sulla riva, non facevo che pensare a quando avrei incontrato la 'saggia donna' che mi aveva chiamata fin lì e a cosa sarebbe accaduto dopo. Ci sarebbero voluti molti anni perché il mio destino mi fosse rivelato? La mia capacità di sentire la Grande Madre avrebbe continuato a guidarmi? L'avrei mai trovata in questo mondo?

Seduta sulle sponde del fiume al tramonto, innalzavo un canto dedicato alla Dea e a volte i miei occhi si riempivano di lacrime:

... *Isis, Astarte, Diana, Hecate, Demeter, Kali, Inana...*

Erano questi i nomi delle antiche dee di cui avevo letto. Scelsi di continuare a credere che la Madre avrebbe sentito il mio appello.

BINGO!

Agosto 1983
Il Caffé Pilar

Un pomeriggio, Meadow esclamò: "Ho incontrato un uomo che ha visto la Madre Divina in India e ha una foto! Si è appena trasferito nel villaggio, devi incontrarlo". Finché vivrò, non dimenticherò mai quel momento. Ero in piedi dietro il banco del caffè, indossavo un grembiule macchiato di salsa e una gonna di jeans di media lunghezza sul mio costume da bagno preferito. Avevo le infradito ancora umide dalla nuotata della pausa pranzo.

Solo dopo alcuni anni realizzai che quell'informazione costituiva il fulcro della mia vita futura. Era uno di quei momenti in cui avviene uno scatto, quando sai che è appena accaduto, o sta per accadere, qualcosa di importante. È la morbida sensazione che si prova quando si gira la chiave nella toppa e la porta si apre, la nota perfettamente accordata sulle corde di una chitarra, lo scoccare di una freccia che centra il bersaglio.

Pilar era un piccolo villaggio e non ci volle molto perché il nuovo venuto si fermasse al caffè per mangiare un boccone. Praticamente saltai sul bancone per prendere il suo ordine. Quando gli portai il pranzo, tentando di apparire il più disinvolta possibile, gli chiesi: "Quindi sei tu quello che ha incontrato la Madre

Divina?" Con un'occhiata di traverso e una voce profonda di baritono giunse la sua risposta misurata: "Sì, sono io". Trattenni l'emozione a stento, ma credo si notasse perché aggiunse: "Se sei interessata, sabato ci sarà una proiezione di diapositive". Mi presentai e chiesi il suo nome: "Greg McFarland", rispose.

KANI DARSHAN: IL PRIMO DARSHAN

Il sabato mi sembrava lontanissimo ma, alla fine, la serata tanto attesa della proiezione arrivò. Andai in bicicletta fino al piccolo cottage sul fiume. Quella sera il cielo era indimenticabile, il tramonto estivo dispiegava tutti quei colori che hanno reso celebri in tutto il mondo le pennellate di Georgia O'Keefe. Fui sorpresa nel vedere che alla proiezione non c'era nessun altro, ero l'unica spettatrice. Quando vidi la prima diapositiva di Ammachi, come la chiamava Greg, rimasi inchiodata alla sedia, senza parole. La luce dei suoi occhi squarciò la nebbia nella quale ero stata inconsciamente avvolta per tutta la vita.

La presenza di Ammachi era innegabile, voglio dire che lei era proprio lì, nella stanza, con noi. Sapevo che dovevo incontrarla. Sbalordita, guardai in silenzio il resto delle diapositive e ricordo appena le parole di Greg. Quando spense il proiettore sbottai: "Ci vado!"

"Ma non puoi semplicemente andare lì", rispose Greg. "Non c'è niente, solo la famiglia di Amma e poche capanne. Non puoi arrivare così, prima devi scriverle".

CARA AMMA

E così feci. Il giorno dopo scrissi su un aerogramma preaffrancato di colore blu:

Cara Amma,
mi piacerebbe venire a incontrarti. Credo che tu abbia le
risposte a tutte le mie domande. Per favore, posso venire a
trovarti?
Gretchen

Lo stesso giorno inoltrai la richiesta per il passaporto. Ero chiaramente a un punto di svolta nella mia vita: non potevo togliermi dalla mente gli occhi scintillanti di Amma. Così, durante il giorno, pensavo spesso: "Sono in viaggio verso la Madre Divina!"

Mi venne offerto di scendere gratuitamente il grande fiume Colorado in rafting. Essendo una cuoca specializzata in ristorazione veloce, ero una persona utile per un'avventura di tre settimane e 300 miglia nel Grand Canyon. Così pensai: "Perché no? Ci vorrà almeno un mese prima che la mia lettera arrivi in India e Amma mi risponda. Nel frattempo, quale migliore occasione per immergermi nella natura?"

SCENDENDO IL FIUME

Il fiume Colorado non è uno scherzo: ha una portata di circa 17.000 metri cubi al secondo. Quando vi avvicinate a Lee's Ferry, in Arizona, la terra trema sotto la forza tumultuosa della massa d'acqua che si riversa con impeto contro le sponde del fiume. La compagnia "New Wave Rafting" di Santa Fe offriva un viaggio ai suoi dipendenti. Il gommone sul quale sarei salita era guidato da Greg McFarland. Per tre settimane lo ascoltai raccontare il suo soggiorno presso Amma avvenuto l'anno precedente! Un giorno mi disse che Amma gli aveva dato un mantra da condividere con chiunque pensava potesse essere considerato un figlio di Amma. Non sapevo niente sui mantra ma più me ne parlava e più provavo interesse. Così scrisse il mantra su un foglietto e mi spiegò come usarlo. Inventai un modo per ripeterlo 108 volte tenendo il conto sulle dita.

L'effetto della recitazione del mantra (japa) ogni mattina e in vari momenti della giornata era differente da qualsiasi cosa avessi sperimentato fino allora. Nella mia mente si produsse un sottile cambiamento che mi fece provare una grande tranquillità. Divenni molto sensibile alla natura che mi circondava. Più facevo japa, più la vibrazione del mantra si diffondeva in me. Ero così felice! Seduta nel gommone, mentre scendevo il fiume osservavo il maestoso Gran Canyon e recitavo questa nuova cosa chiamata mantra! Continuavo a sognare a occhi aperti il mio incontro con Amma.

Tornata a Santa Fe a metà ottobre dal mio piccolo viaggio, la prima cosa che feci fu controllare la cassetta postale. Ricevevo raramente della posta e sentii un fremito quando, attraverso la finestrella di vetro, vidi con chiarezza un aerogramma blu poggiato di traverso su un pacchetto: era il mio passaporto! Il mio cuore fece un piccolo balzo quando lessi l'indirizzo del mittente. Aprii con cura la lettera. In una scrittura che non conoscevo, trovai delle piccole lettere, innocenti, scritte da una mano di ragazzina, che ondeggiavano sulla pagina. "Dev'essere la calligrafia di Amma!" pensai. Sotto c'era la traduzione:

> *Cara figlia,*
> *quando arriverai? Qui sei sempre la benvenuta. Amma sta*
> *aspettando di incontrarti. Vieni presto, figlia cara.*
> *Baci baci*

Ero così emozionata! Stavo andando a incontrare Amma!

Quella sera la conversazione telefonica con i miei genitori in Pennsylvania andò pressappoco così:

"Sto andando in India, mamma".

"Vai nell'Indiana?"

"No mamma, in India" risposi.

"A fare cosa, in nome del cielo?"

"A incontrare Amma, una santa indiana..."

"Ma perché?"

"Sento che la devo incontrare. Non ti preoccupare, ho i soldi per il biglietto, non peserò su te e papà".

Cosa potevano dire? Ero la maggiore di cinque figli e credo francamente che fossero contenti di avere, per così dire, una bocca in meno da sfamare. Inoltre mi conoscevano abbastanza bene per sapere che, quando mi mettevo in testa un'idea, nulla mi poteva dissuadere.

CAPITOLO 1

Mendicante nella casa di Dio

Partimmo ai primi di novembre, era l'anno 1983. Greg McFarland voleva tornare da Amma con Flora, la figlia quindicenne, affinché Amma le desse la sua benedizione. Atterrammo a Chennai e il giorno dopo prendemmo un treno notturno per Kollam. All'arrivo, un rickshaw senza ammortizzatori ci lasciò al molo di Vallikkavu. Guardando verso l'altra sponda del fiume, attraverso un impenetrabile muro di fitta vegetazione, realizzai con emozione che Amma si trovava proprio lì. Fui assalita da un'ondata di eccitazione mista a inquietudine.

Avevo passato gli ultimi due anni a cercare l'antica Dea che, pensavo, doveva trovarsi da qualche parte nel mondo. *Ciò che esisteva allora esiste anche adesso*, questa era la mia ferma convinzione. E ora la Madre Divina era lì, a pochi metri? Perché no? Da Copenaghen ero stata guidata nel cammino passo dopo passo, man mano che aprivo il mio cuore con i canti e le preghiere. Ero pronta a salire sulla barca e attraversare il fiume? Cosa mi aspettava dall'altra parte? Ora sì che mi sentivo nervosa!

Appena il barcaiolo cominciò la traversata aiutandosi con la sua lunga pertica, il mantra affiorò spontaneamente sulle mie labbra. Il respiro si fece più veloce mentre scendevamo e trascinavamo i bagagli lungo uno stretto sentiero. Guardando a terra, un'incisione su una grossa pietra nera affondata nel fango colpì la mia attenzione. Mi fermai per osservarla meglio e sentii un fremito lungo la schiena: si trattava di un cerchio perfetto di circa dodici centimetri di diametro, con un punto sporgente al centro. Questo simbolo mi era familiare, mi era apparso tante volte in sogno. Era il simbolo della Dea Madre. Solo una coincidenza?

Una vampata di adrenalina mi scosse, rafforzando la mia fiducia di essere sulla giusta via, vicina all'incontro con la 'donna saggia' che stavo cercando.

Continuammo per un po', finché gli alberi di cocco si diradarono e si aprì una distesa di sabbia su cui alcune persone sedevano tranquillamente. Amma era sicuramente lì! Brillava di luce anche a distanza. Appena arrivammo, tutti si alzarono e Amma ci venne incontro, abbracciò Greg e poi Flora. Voltandosi verso di me Amma sfoggiò un sorriso da mille watt. I suoi occhi erano stelle scintillanti. Tra le braccia di Amma il mio cuore esplose come una diga: provavo una gioia immensa, come se una colonna di felicità intensa, inimmaginabile, mi stesse percorrendo dai piedi fino alla sommità del capo. Piangevo a calde lacrime: Amma si sedette e mi fece appoggiare la testa sulle sue ginocchia. Ebbi la mia prima visione interiore: una doppia elica, come quella del DNA, iridescente e luminosa, inondata di un colore tenue. Ero cosciente che Amma era un lato di quell'elica e io l'altro, eravamo intrecciate da tempi immemorabili e nel futuro infinito. Il punto di contatto era quell'esatto momento in cui ci incontravamo di nuovo. Questo punto emanava una forte vibrazione luminosa. In quell'istante capii che avevo incontrato la Madre Divina in questa vita. Tutto ciò che era accaduto finora nella mia vita aveva il solo scopo di portarmi da Lei. L'avevo sempre conosciuta, la conoscevo adesso e l'avrei conosciuta ancora in futuro. Non saprei dire quanto tempo fosse passato, ma quando tutti noi ci levammo, vidi che la gonna di Amma era bagnata delle mie lacrime.

Quando mi alzai ebbi l'impressione di essere sospesa da terra e mi venne in mente l'espressione 'essere al settimo cielo'. Era come se qualcuno avesse rimosso dalle mie spalle un sacco da venti chili che non sapevo di portare. In seguito, venni a sapere che quando incontriamo il nostro Guru si verifica un trasferimento del nostro peso karmico, il Guru alleggerisce il nostro carico. La sensazione di ciò che stava accadendo fu istantanea. Una giovane donna occidentale portò una gonna di ricambio per Amma e mi rivolse un sorriso di benvenuto.

Amma decise di accompagnarci a visitare l'ashram. La sua risata era forte, naturale e inebriante. La prima tappa fu il piccolo tempio, il Kalari, proprio dietro il posto in cui era seduta Amma. Le porte del tempio erano chiuse, così ci sedemmo sotto il portico davanti all'entrata. Amma chiese come mi chiamavo. "Gretchen". "Come?", chiese la persona che traduceva. "Gretchen". Silenzio. Passammo ai canti, Amma voleva che io cantassi qualcosa. Per il canto ero senza speranza. Forse arrossii, perché mi suggerirono di cantare "Rain, rain, go away, rain, go away". Così mi misi a cantare questa filastrocca e poi mi dissero di sforzarmi di tenere le note. Cercai di farlo, senza particolare successo, e proseguimmo il giro.

Alla sinistra del Kalari c'era una semplice capanna rettangolare con tre porte, costruita con le foglie di palma. Entrammo. Amma aprì la prima porta con vigore e disse: "Mio figlio; medita tutto il giorno". Con le spalle alla porta, un uomo occidentale stava seduto nella posizione del loto, immobile e assorto in contemplazione. Amma aprì la seconda porta con una forte spinta e disse: "Mio figlio; non si sente bene, adesso sta riposando" e gli fece una carezza di conforto. Anche lui occidentale, il suo viso irradiava pace, ma il suo aspetto era pallido ed emaciato. Dolorante, si mise a sedere per offrire il suo *pranam* ad Amma, ci sorrise e ci disse che avremmo potuto incontrarci più tardi quel giorno.

L'ultima porta si aprì, all'interno c'erano un semplice lettino e alcune stuoie di paglia per terra. Amma si sedette sul lettino e mi chiese di sedermi accanto a lei. Prese le mie mani e rivolse i palmi all'insù. Ne studiò uno e poi l'altro. Non sembrava soddisfatta e chiese: "Qual è la mano della donna?". Nessuno aveva un'opinione precisa in merito, così Amma alzò la mia mano sinistra. Sapevo che non c'era nessuna linea della vita sulla mia mano o quanto meno non una molto lunga. Forse era questo che Amma stava osservando? La vidi affondare l'unghia del pollice nel punto in cui la mia linea della vita terminava, tenendola premuta a lungo prima di lasciare la mano. Dopo alcune settimane notai una timida nuova linea che si stava formando dove Amma aveva premuto, una piccola diagonale si univa a un'altra linea, allungando notevolmente quella della vita. Questo segno è visibile ancora oggi sul palmo della mia mano sinistra.

Poi cominciò la lezione di musica. Inizialmente Amma volle che provassi "Hamsa Vahana Devi" ma la strofa *...akhila loka kala devi amba saraswati...* era chiaramente troppo difficile per me. Amma cambiò subito con "Devi, Devi, Devi, Jagan Mohini". Queste parole potevo più o meno pronunciarle. Ancora una volta fui incoraggiata a tenere le note senza lasciare che la mia voce tremasse tanto. Era uno spasso per tutti! Anche se un po' imbarazzata, avvertivo un'atmosfera di caldo benvenuto e accettazione immediata. Erano tutti gentili, rilassati e a loro agio.

Ora di pranzo. Amma ci condusse a casa della sua famiglia, adiacente al Kalari. C'erano anche altre persone ma riuscimmo tutti a prendere posto facilmente nella stanza principale. Vennero portati i piatti e le tazze e furono stese a terra delle stuoie di paglia, poi Amma servì a tutti del riso con lenticchie (*dhal*). Con attenzione venne distribuita anche una piccola quantità di verdure. Le tazze furono riempite di una tisana di colore rosa, qualcuno mi disse qualcosa come "karangali vellum", pensando che potesse significare qualcosa per me.

Poi, per alcuni minuti, tutti intonarono un canto meraviglioso. Come tocco finale, fu versata un po' d'acqua nel palmo della mano destra mentre veniva recitato un breve verso, poi l'acqua fu spruzzata in senso orario intorno al piatto. Avvertii dentro di me una grande pace. Il pasto era semplice e gustoso, anche se non avevo mai mangiato tutto quel riso con così poco condimento.

Non chiesi altra salsa perché la pentola sembrava piccola e già mezza vuota.

Amma si sedette con noi ma non mangiò. Parlava in modo animato. A un certo punto venne da me e, per qualche ragione, mi tirò l'orecchio destro. Tutti scoppiarono a ridere. Non riuscivo a credere di potermi sentire così a mio agio in mezzo a quel gruppo di stranieri che ridevano di me. A dire il vero anch'io ridevo perché l'allegria mi aveva contagiata. Per fortuna qualcuno pensò di tradurre: "Amma dice che il tuo viso le è familiare. Il segno di riconoscimento è sul tuo orecchio, proprio quello che Amma ha tirato l'ultima volta che hai commesso qualche birichinata". Mhhhhh. Cosa significava 'l'ultima volta'? Ed è vero, c'è un segno particolare sul mio orecchio destro fin dalla nascita.

Senza un motivo apparente mi tornò in mente un ricordo dimenticato. Da piccola, a colazione, chiedevo sempre del riso con un pezzetto di burro. I miei fratelli e sorelle mangiavano Lucky Charms e Fruit Loops ma per me la mia povera mamma doveva bollire del riso. Tutto tornava. Il pasto finì e Amma se ne andò.

LA MIA PRIMA ARCHANA

Dormii per quasi quattordici ore prima di essere svegliata dal suono di una campana. Il mio orologio da viaggio segnava le quattro del mattino. Un programma affisso sul muro della camera riportava: 4:30 – Archana. Qualunque cosa significasse, volevo esserci. Dopo essermi lavata versando dell'acqua da un secchio, uscii che ancora non era l'alba; fuori era buio e faceva fresco.

La sala della meditazione era una stanza sotto l'appartamento di Amma, misurava circa cinque metri per sei. Dalla finestra potevo vedere una dozzina di persone sedute in silenzio. Sembrava che ci fosse un piccolo posto per me vicino alla porta senza dover disturbare nessuno e così entrai in punta di piedi, prendendo posto mentre tutti si spostavano per farmi spazio. Che gentili, questi monaci! In un attimo tutta la parete a destra dell'entrata era completamente vuota, si erano serrati tutti dalla parte opposta. Adesso avevo più di un quarto dell'intera sala tutta per me! Siccome ero l'unica donna presente, sembrava che avessero voluto far spazio anche alle altre due ragazze che vivevano nell'ashram. Non sapevo di aver invaso l'area riservata agli uomini!

Ignara, mi sedetti incrociando le gambe a mezzo loto e cercai di sistemarmi al meglio con i vestiti che indossavo. Nessuno guardava nella mia direzione, questo era chiaro, così fu più facile rilassarmi e concentrarmi.

La recitazione cominciò in sanscrito, qualcosa di completamente nuovo per me, così come lo era la meditazione formale. Ma ero così desiderosa di imparare che sedetti a occhi chiusi e mi lasciai trasportare dalle vibrazioni prodotte dall'intonazione e dal ritmo della preghiera. La mia mente si stava piacevolmente acquietando quando notai un aumento nell'intensità e nella concentrazione dell'archana. Una voce profonda, ricca di toni, si era appena unita alle altre. Socchiusi gli occhi: era Amma! Che meraviglia! Anche lei recitava l'archana con noi! E a differenza degli altri non aveva nessun libro, la sapeva a memoria! Nessuno mi aveva detto che Amma sarebbe venuta. Com'era bella! Indossava una setosa veste bianca lunga sino a terra e annodata attorno al collo e aveva i capelli raccolti sulla sommità del capo. Brillava di energia mentre sedeva vicino al gruppo su un semplice tappeto. Improvvisamente la sala era stata inondata da tantissima energia. Per non disturbarla chiusi gli occhi e rimasi assorta nella vibrazione del suono. Senza motivo apparente le lacrime cominciarono a scorrere dai miei occhi e il cuore mi si riempì di una calda, amorevole sensazione. Forse la mia anima riconobbe i "Mille Nomi della Madre Divina" come se rivedesse un'amica dopo tanto tempo.

NOMI PER COLAZIONE

Dopo l'archana tutti si spostarono nel boschetto di cocchi per una lunga meditazione. Trovai un posto tranquillo e provai a fare come gli altri. Siccome nessuno mi aveva mai insegnato a meditare, pensavo fosse una cosa difficile, ma doveva esserci la benedizione di Amma perché la mia mente affondò come una pietra in una quiete profonda. Un silenzio totale mi avvolse e la mia consapevolezza si acuì. Non so per quanto tempo rimasi seduta, ma a un tratto la campana suonò e i miei pensieri tornarono. Alzandomi, mi pulii dalla sabbia e tornai a casa. C'era una pentola di porridge di riso che veniva servito in piatti di metallo e di lato, in una piccola ciotola, del sale: una reminiscenza delle colazioni della mia infanzia!

Dopo che ebbi lavato il mio piatto si avvicinò una ragazza occidentale che viveva lì. Era molto gentile e ospitale e chiese a Flora e a me di portare il vassoio della colazione ad Amma al piano di sopra. Così salimmo. La porta era aperta: Amma sedeva sul pavimento con i capelli sciolti, incredibilmente radiosa. Amma traboccava naturalmente di splendore! Si voltò verso di noi, poi si rivolse a un paio di persone sedute con lei ed esclamò: "Kusuma e Kushula!" Tutti annuirono in segno di riconoscimento e un monaco tradusse: "Amma dice che tu sei Kusuma", indicandomi, "e tu sei Kushula", indicando Flora. Aggiunse che nell'archana questi due nomi appaiono in successione. "Sono i vostri nuovi nomi!" disse. Tutti sembravano molto felici e Amma ci invitò a unirci a loro. Notai che la colazione di Amma non era molto diversa dalla nostra, in aggiunta c'erano solo una ciotola con della radice di tapioca bollita e un piattino di *chutney,* brillante e rosso. Amma distribuì la tapioca a tutti e poi continuò la conversazione che era stata interrotta dal nostro arrivo. L'atmosfera era rilassata e animata.

Più tardi quella mattina mi venne chiesto di andare in 'Ufficio' per registrarmi, il che significava sedere in una piccola stanza della casa di famiglia di Amma, mettere una firma su un grosso libro e mostrare il passaporto e il visto. Il monaco ora conosciuto come Swami Purnamritananda mi aiutò e mi chiese: "Quanto tempo ti fermi?" Senza riflettere risposi: "Per sempre!" Mi guardò con un'espressione perplessa, poi annuì comprendendone il motivo e io aggiunsi: "Ma per ora fino a quando non scadrà il visto turistico di sei mesi". Prese nota e mi restituì il passaporto con un sorriso.

In un'altra piccola stanza accanto all'Ufficio era stata allestita una biblioteca, con un'eccezionale e rara collezione di libri, molti donati da Nealu, il monaco americano conosciuto oggi come Swami Paramatmananda – l'uomo magro che avevo incontrato nella sua capanna il giorno precedente. Il monaco addetto alla biblioteca mi aiutò a trovare la traduzione inglese del *Sri Lalita Sahasranama* – "I Mille Nomi della Madre Divina". Gli chiesi di indicarmi i nomi di 'Kusuma' e 'Kushula' e mi disse che erano nei versetti 435 e 436: *champeya kusuma priya* e *kushula*, rispettivamente 'l'amato fiore champaka' e 'l'intelligente'.

Presi in prestito il libro e cominciai a copiare i Mille Nomi della Madre Divina in un libretto che avevo fabbricato piegando dei fogli a righe e spillandoli al centro. Il mio cuore batteva per l'eccitazione. Un sogno si era avverato! C'era anche la traduzione in inglese e il compito mi assorbì per ore. Presto ebbi il mio personale libretto in inglese per le preghiere mattutine fatto a mano, che divenne il mio libro dell'archana per i primi anni.

Quello stesso pomeriggio Amma mi fece accompagnare da due residenti occidentali nel vicino paese di Kayamkulam per comprare dei sari e altri oggetti essenziali. Quando Amma vide che avevo portato solo un piccolo bagaglio dall'America me ne chiese il motivo. Le dissi che il mio desiderio era di indossare il sari, quindi non occorreva portare una grande valigia piena di cose. Intendevo trovare tutto il necessario sul posto. Lei inclinò la testa prima da un lato e poi dall'altro, nel tipico gesto che fanno gli indiani per indicare approvazione. Oltre a preoccuparsi che acquistassi ciò di cui avevo bisogno, Amma domandò alla donna occidentale di insegnarmi a indossare il sari. Sentii che per Amma ogni dettaglio era importante.

Quella sera avrei assistito alla prima sessione di *bhajan* (canti devozionali) e l'attendevo con grande trepidazione. A quei tempi non esistevano libri di bhajan, ancor meno tradotti in inglese, e non c'era nessuna registrazione audio ufficiale. Avevo però ascoltato uno dei bhajan di Amma su una cassetta malandata che Greg mi aveva fatto sentire durante la proiezione di diapositive pochi mesi prima. La voce di Amma e la melodia di quella canzone erano affascinanti, sebbene le parole fossero difficili da capire. Era qualcosa come "Amme Bhagavad Gita nitya..." Non vedevo l'ora che Amma cantasse! Così, nel mio nuovo sari quadrettato e portando con me l'*asana* (tappetino su cui sedersi, N.d.T.) di tessuto presi posto sotto il porticato davanti al Kalari, dove tutti i residenti dell'ashram potevano sedere comodamente.

Il profumo di incenso si diffondeva nella leggera brezza marina e una lampada a olio ardeva di una luce dorata. I colori del tramonto fiammeggiavano nel cielo, dove alcune aquile si lasciavano trasportare dal vento. Amma si unì a noi per un momento: si sedette rivolta verso est, appena a sinistra delle porte aperte del tempio. L'uomo che suonava l'harmonium era di fronte ad Amma, con le *tabla* al fianco, anch'esse di fronte a lei. Con mia sorpresa mi resi conto che mi sentivo più a mio agio con gli occhi chiusi. Senza sforzo rimasi assorta nel canto di Amma, potente e naturale. Sollevava le braccia e le muoveva con grazia nell'aria come uccelli librati in volo. Il suo viso era rivolto verso il cielo, il corpo ondeggiava al ritmo della musica. Amma pregava con tale fervore nel suo canto che pensai: "Nessuno al mondo è in grado di invocare il cielo in questo modo! Neppure Aretha Franklin!"

Quando finì il primo canto, Amma si piegò in avanti e disse qualcosa sottovoce all'uomo che suonava l'harmonium. Con mia enorme sorpresa e gioia suonò le prime note della canzone che avevo ascoltato nel Nuovo Messico:

amme bhagavati nitya kanye devi,
enne kataksippan kumbitunnen

O Madre di buon auspicio, o Devi, Vergine eterna, m'inchino per un Tuo sguardo di grazia.

maye jagatinte taye chidananda
priye mahesvari kumbitunnen

O Maya, o Madre del mondo,
o Pura Coscienza! Pura Beatitudine!
O Grande Dea adorata, a Te m'inchino.

Fui travolta dall'emozione nell'ascoltare Amma cantare quella canzone, la stessa che mi aveva chiamata dall'altra parte del mondo per incontrare la Dea dagli occhi scintillanti come stelle. Come aveva fatto a scegliere quel canto? Era solo una coincidenza? Come dal nulla un pensiero entrò e si fissò nella mia mente: non avevo più niente da cercare. La determinazione di incontrare l'Antica Madre in questo mondo aveva ottenuto dei risultati al di là dei miei sogni più audaci. Le lacrime mi rigavano le guance, non c'era più alcun bisogno da soddisfare, ogni parte del mio essere era appagata, non avevo dubbi.

TERZO GIORNO

Ora che avevo il mio libretto scritto a mano, l'archana era ancora più bella. Tuttavia quel mattino Amma non ci raggiunse e mi resi conto di quanto il giorno precedente fosse stato speciale. Ma la buona sorte era dalla nostra parte perché, uscendo dalla sala al termine dell'archana, scorgemmo Amma intenta a meditare nel cortile non molto lontano, sotto una palma da cocco. Seguendo l'esempio degli altri, seduti in posti diversi, mi sistemai a una rispettosa distanza. Per qualche ragione era molto facile scivolare in profonda meditazione anche senza averla mai praticata prima. Sapevo che questo era dovuto alla benedizione di Amma, dato che la mia mente di solito saltava da un pensiero all'altro come una scimmia. Avevamo raggiunto Amma che era ancora buio ed ecco suonare la campana per la colazione delle 9.00.

Com'era passato il tempo?

Amma stava camminando nei paraggi e dopo colazione mi chiamò a sé. Pronunciò "Kusumam" con una tale dolcezza che sentii una stretta al cuore. Con l'aiuto di un traduttore le chiesi se potevo rendermi utile e partecipare a qualche attività dell'ashram. Il volto di Amma s'illuminò, mi prese per mano e mi portò in cucina. Dette alcune indicazioni e subito comparvero una montagna di verdure, alcuni coltelli e un tagliere. Una grande pentola fu posizionata accanto a lei. Presi il tagliere e Amma, con incredibile velocità e destrezza, cominciò a tagliare le verdure tenendole nell'incavo della mano. Il piccolo machete, abilmente maneggiato, si muoveva così velocemente che era quasi impossibile vederlo. Come poteva una persona tagliare le verdure così rapidamente?

Mi meravigliai vedendo che dopo appena cinque minuti il mucchio di verdure di Amma era dieci volte più grande del mio. Sebbene concentrata sul compito che stava svolgendo, suscitava al tempo stesso le risate di chi era intorno a guardarla. A un tratto si girò verso di me e mi disse alcune parole che un monaco tradusse: "Amma dice che un piccolo albero ha bisogno di un recinto attorno che lo protegga. Così può crescere, altrimenti le mucche potrebbero mangiarlo". Assimilai quelle parole, sapevo che Amma mi stava incoraggiando a parlare con lei. Ero commossa da ciò che aveva detto e rimasi in silenzio. Non mi ero mai divertita così tanto a tagliare delle verdure! Ecco, avevamo finito. Poi ci spostammo al lavaggio pentole. Trascinammo fuori la grande pentola del riso e alcuni recipienti fino a un rubinetto dietro la cucina. Una ciotola con della cenere e due grandi fasci di fibre di cocco erano l'occorrente per svolgere questo compito. Incredibile come una mistura di cenere e sabbia possa pulire così bene! Quando arrivò l'ora di pranzo avevo preso la mia decisione: avrei pulito le pentole. Durante i sei mesi successivi, dopo ogni pasto o quando avevano finito di bollire il latte diluito con l'acqua, sarei andata nel retro della cucina per ritirare e lavare i recipienti sporchi, rendendoli puliti e splendenti. Ero entusiasta!

DEVI BHAVA DARSHAN

Il giorno seguente era una domenica, il mio primo darshan di Devi Bhava. Nel pomeriggio era arrivata una grande folla e c'era aria di festa. Dopo aver guidato i bhajan al tramonto, Amma entrò nel Kalari e le porte vennero chiuse. Un residente mi disse che se volevo potevo sedere all'interno e mi mostrò il posto dove aspettare per entrare tra i primi. Tutti cantavano di cuore quando le porte si spalancarono. Amma teneva una lampada accesa che diffondeva il profumo della canfora. Una corona d'argento e altri oggetti che non conoscevo decoravano un piccolo sgabello al centro del tempio. Amma cantava "Ambike Devi", lo stesso canto che intona ancora oggi prima di ogni Devi Bhava:

Ambike devi jagannayike namaskaram
sharma dayike shive, santatam namaskaram

O Madre Ambika, o Guida del mondo, a Te rendiamo omaggio, saluti a Te! O Shive, che dispensi felicità, a Te renderemo sempre omaggio!

Santi rupini sarva viyapini mahamaye
antadi hine atma rupini namaskaram

La pace è la Tua forma, Tu sei onnipresente, o Grande Ingannatrice! Senza inizio né fine, la Tua vera forma è il Sé, a Te m'inchino!

Prima che il canto finisse, le porte si chiusero nuovamente e l'intensità della musica crebbe. Non sapendo cosa aspettarmi recitavo il mantra tenendo gli occhi incollati alle porte del tempio. Poco dopo le porte si riaprirono e questa volta Amma era adornata nel modo più meraviglioso. Spontaneamente il mio cuore si riempì d'amore e di antiche memorie. Seduta sullo sgabello, avvolta in un sari scintillante verde smeraldo, Amma impugnava una spada nella mano destra e un tridente nell'altra, entrambi appoggiati sulle sue ginocchia. Il tintinnio delle sue cavigliere si fondeva con la recitazione dei mantra, il suono della conchiglia e il tocco della campana. Gli occhi di Amma rimasero chiusi un momento e poi si aprirono. Non posso descrivere l'ondata di calore e luce che mi investì stando a soli pochi metri da lei, appena fuori dalla porta del tempio. I suoi occhi erano specchi abbaglianti di amore e di pace. L'intero mondo visibile era scomparso: per me esisteva solo la Devi. Qualcuno mi fece segno di sedermi all'interno del tempio, così toccai la soglia con la mano destra, come mi avevano insegnato, ed entrai.

L'energia nel tempio era mille volte più potente. L'intero corpo di Amma vibrava sottilmente e l'aria stessa sembrava sovraccarica di elettricità. Sistemai la mia *asana* accanto al muro, alla sinistra di Amma e leggermente di fronte, e mi sedetti. Una ragazza occidentale le sedeva accanto, alla sua sinistra, e si occupava di vari compiti. Amma mi guardò e mi sorrise: la mia mente si sciolse. Chiusi gli occhi. A un certo punto qualcuno mi sussurrò "la cena", ma era come sentire una voce lontana, non veramente

collegata al mio udito. Forse Amma gli disse di non disturbarmi più perché passò dell'altro tempo. L'intera notte trascorse così, finché una mano mi toccò delicatamente la spalla e capii che dovevo alzarmi. Amma si muoveva nel tempio. Si fermò e restò davanti a ogni persona che era rimasta lì, forse dieci o dodici di noi, per darci un abbraccio finale.

Amma venne da me per ultima. Mise la sua mano sulla mia spalla e mi guardò profondamente e a lungo. I suoi occhi emanavano un grandissimo potere e un'immensa luce. Comunque vogliate definire quella trasmissione, penetrò nel mio profondo e mise completamente a tacere i miei pensieri. In quel momento la mia mente si sciolse, bevendo tutto l'amore che veniva riversato in lei. Quando Amma mi abbracciò, l'unica cosa che riuscii a fare fu rimanere in piedi.

"HAI LO STESSO POTERE"
Il Kalari
Dicembre 1983

Ogni martedì, giovedì e domenica sera presi l'abitudine di sedere allo stesso posto e meditare durante l'intero Devi Bhava, alzandomi solo alla fine, per l'ultimo abbraccio di Amma. Quelle sere non cenavo neppure. Mentre una di queste notti volgeva al termine, sentii del trambusto vicino alle porte del tempio. Alzando lo sguardo rimasi inorridita vedendo un uomo, più morto che vivo, che aspettava di entrare. Il suo corpo era coperto di piaghe, alcune purulente, gli occhi erano infossati nelle orbite e pieni di muco, le orecchie, atrofizzate, erano tutte piagate e la testa, senza capelli, era gonfia come un melone troppo maturo. Inutile dire che l'odore era molto forte. Fui subito assalita dalla nausea e mi sentii svenire. Sicuramente qualcuno gli avrebbe impedito di entrare nel tempio!

Subito guardai in direzione di Amma per osservare la sua reazione. La mia mente non poteva credere a ciò che vedeva: il viso di Amma era puro amore, come se fosse comparso sulla soglia il suo più caro parente che non incontrava da lungo tempo. Gli fece cenno di entrare e gli tese le braccia. L'uomo posò il capo sulla spalla di Amma, proprio come avevano fatto tutti gli altri devoti nel corso della notte. Il volto di Amma splendeva d'amore, molto più di quanto avessi visto fino a quel momento. Prendendo in mano della cenere sacra, ne cosparse le braccia e la schiena dell'uomo, mentre lo consolava con una voce dolcissima. Lui stava zitto, con la testa sfigurata piegata da un lato, completamente rilassato mentre Amma si prendeva cura di lui. Io ero sempre seduta a meno di un metro dalla scena e l'effetto di questa visione era per me a dir poco inquietante.

Ma la parte più intensa doveva ancora arrivare. Apparentemente non soddisfatta del suo sforzo, Amma fece girare il lebbroso di spalle. Alcune delle piaghe peggiori e purulente erano sulla parte superiore della schiena. Amma attirò a sé l'uomo e cominciò a succhiare dolcemente il pus e a sputarlo in una piccola ciotola che le porgeva la sua assistente. L'espressione sul volto di Amma indicava la purezza delle sue intenzioni, non c'era traccia di disgusto né fretta di finire quel compito ripugnante. Amma dava l'impressione di avere tutto il tempo del mondo per quella persona. In seguito leccò le ferite peggiori e percorse con l'indice le fessure, come per cucirle. Continuò così per un po'. Infine gli dette il *prasad*, l'acqua benedetta e una banana e si alzò, terminando il Bhava Darshan.

Per un paio di giorni la mia mente rimase sotto shock. Avendo ricevuto una formazione in scienze ambientali all'università di Berkeley, ero assolutamente incapace di comprendere come Amma avesse potuto fare quel che aveva fatto. Alcuni residenti provarono a rispondere alle mie domande. Il monaco oggi conosciuto come

Swami Amritaswarupananda mi spiegò che il lebbroso veniva già da qualche tempo e si chiamava Dattan, mentre un altro monaco, oggi Swami Amritatmananda, disse che Amma lo stava curando e che era molto migliorato. Le loro risposte accrebbero il turbinio dei miei pensieri. Decisi di chiedere ad Amma.

Era metà mattina quando trovai Amma nel cortile, intenta a fare giardinaggio con una grande zappa. Stava scavando dei solchi per l'acqua attorno agli alberi di cocco. Il cerchio che formava intorno a ogni albero era perfetto e mi ricordava il simbolo sul granito nero all'imbocco del sentiero che porta alla sua casa.

Con l'aiuto di un traduttore chiesi ad Amma il permesso di farle alcune domande sul lebbroso. Lei poggiò a terra la zappa e mi rivolse la sua completa attenzione.

"Amma, quello che ho visto la notte scorsa non è possibile, intendo dire, scientificamente possibile. Un tessuto così malato non può rigenerarsi. Com'è possibile?"

"Figlia mia, vuoi conoscere il miracolo?"

"Si, Amma, ti prego, dimmelo".

"Il vero miracolo è che tu hai lo stesso potere dentro di te, ma non lo sai. Amma è venuta per mostrarti questo".

Mi rivolse un dolce sorriso, impugnò la zappa e riprese a lavorare con gli alberi. Amma non voleva dare una grande importanza al fatto che stesse curando un lebbroso! Non c'era nessuna traccia di orgoglio o di ego. Dal punto di vista di Amma, la straordinaria azione alla quale avevo assistito serviva soltanto a compiere un altro passo verso la scoperta del Sé. In quel momento qualcosa dentro di me s'infiammò. Tutti i punti di riferimento della mia vita si polverizzarono, uno smottamento tettonico, un cambiamento irrevocabile avvenne nel mio modo di vedere il mondo. Il mio cuore si aprì a quel bellissimo e umile essere divino che voleva semplicemente mostrarmi cosa c'era nel mio cuore.

Amma con Dattan

In quel momento decisi di restare con Amma e apprendere da lei tutto ciò che bisognava sapere. Era uno di quei momenti nella vita in cui sei consapevole, lo sai e basta. Il tuo cuore sa con assoluta certezza. Da quel punto vai avanti senza più tornare indietro, per non essere più la stessa persona, per rinascere in quel momento di ascolto e testimonianza. Una risonanza sconosciuta prima d'ora faceva eco nella parte più profonda del mio cuore, indirizzandomi verso il viaggio spirituale che continuo ancora oggi.

Da ventinove anni medito sull'immagine di Amma che apre le sue braccia a Dattan, il lebbroso, osservandola da ogni angolazione. Ho immaginato di essere lui, sintonizzandomi sull'esperienza di emergere dalla morte alla vita grazie alla misericordia della Madre Divina. Ho immaginato di riuscire ad abbracciarlo io stessa – impossibile! – abbandonandomi deliziata nel ricordo dell'intensa e incandescente bellezza di questo amore puro sul volto di Amma mentre lo prendeva tra le sue braccia. E qual è il messaggio ricorrente? Per Amma l'amore è di gran lunga più importante della guarigione.

Ciascuno ha dentro di sé il potere di quell'Amore Supremo. Chiamatelo Amore di Dio, Amore Divino o, in sanscrito, *Prema* (Amore Supremo). Comunque lo si voglia chiamare, rimane onnipotente, sempre vittorioso ed eterno Amore universale. I santi e i saggi di tutte le tradizioni affermano che questo amore è la nostra vera natura, ne siamo solo separati. Lo scopo della vita spirituale è risvegliarsi all'Amore supremo che è la nostra vera natura, il nostro più grande e innato potenziale umano.

Chi ha il potere di donare la vita a un moribondo? Colei che ha acquisito tale facoltà non ha bisogno di imbrattare la sua veste di seta abbracciando un uomo dal corpo purulento, è sufficiente che gli mostri i palmi delle mani per irradiare la guarigione con il potere della mente. Ha quel potere. Ma Amma voleva dimostrare a Dattan, un uomo rifiutato dai suoi stessi parenti e amici e lasciato da solo a morire, che era amato. Quella era la cosa più importante per Amma. Chi ha una mente capace di concepire questo? Chi è l'arbitro del destino? Ella cammina tra noi, il suo nome è Mata Amritanandamayi, Madre di pura Grazia.

CAPITOLO 2

Con i piedi nell'acqua

C iò che accade oggi attorno ad Amma è lo stesso di allora. In un solo giorno succedevano così tante cose che i mesi volavano. Il programma dell'ashram era affisso sulla parete della mia camera e fungeva da guida quotidiana:

4.30:	Archana
6.00-9.00:	Meditazione/Yoga
9.00:	Colazione
10.00:	Lezione sulle Sacre Scritture
11.00-13.00:	Meditazione
13.00:	Pranzo
14.00-16.00:	Tempo libero
16.00-17.00:	Lezione
17.00-18.30:	Meditazione
18.30-20.00:	Bhajan
20.30:	Cena
21.00-23.00:	Meditazione

Mi sorprese scoprire che adoravo meditare, le mie giornate ruotavano intorno alla meditazione. Per la maggior parte del tempo sedevo sotto il portico del Kalari, da cui potevo raggiungere con pochi passi i pasti, le lezioni e il lavaggio pentole. Efficiente e allo stesso tempo inebriata da quest'atmosfera, non ero di peso per gli altri. Dopo aver mangiato o lavato le pentole, tornavo al Kalari per continuare a meditare. Così trascorsero i giorni, poi le settimane e, infine, i mesi.

A LEZIONE

Le lezioni erano un momento speciale della giornata: ce n'era una al mattino sulla Bhagavad Gita e un'altra il pomeriggio sulle Upanishad. Ricordo in particolare un mattino quando un nuovo ciclo di lezioni venne inaugurato da Amma stessa. La cerimonia si svolse nel Vedanta Vidyalayam, una piccola tettoia con il pavimento di cemento, diagonalmente opposta al lato ovest del Kalari. Seduta su una piccola piattaforma con accanto una pila di libri, Amma aveva acceso la lampada a olio usata in quelle occasioni, mentre il monaco che avrebbe in seguito tenuto il corso guidava la salmodia. Amma aveva poi sparso petali di fiori sui libri e su di noi, benedetto il *kindi* (vaso cerimoniale di ottone) e asperso il luogo con l'acqua del kindi. Infine ognuno di noi si era recato da lei per salutarla con un profondo pranam e ricevere il nuovo libro dalle sue mani. Guardai il mio libro, il titolo era "Vedanta-Sara" di Adi Shankaracharya.

Lo studio del Vedanta fu per me una rivelazione. Adi Shankaracharya esponeva nei minimi dettagli la filosofia dell'unità, del campo unificato di pura coscienza, di pura esistenza e del Brahman come sostrato dell'universo. In realtà, se ci dedichiamo totalmente a questo compito, possiamo sperimentare direttamente l'unità e trascendere la nostra realtà illusoria. Questo è lo scopo della vita umana. Non si tratta di un'esperienza da raggiungere perché, in realtà, dimoriamo già in quello stato. Tuttavia, la nostra mancanza di comprensione ci porta a identificarci con il corpo e con la mente, entrambi impermanenti, invece che con il loro sostrato eterno, la pura coscienza.

Dobbiamo capire che i piaceri dei sensi sono effimeri e fonte di futura sofferenza. Più questo ci sarà chiaro, più facile sarà per noi distaccarci dalle attrazioni e avversioni egoistiche. Gradualmente, si risveglia in noi la vera visione del mondo, di noi stessi e di Dio e, nell'essenza, sperimenteremo direttamente questi tre aspetti

come l'unica e pura coscienza. Una volta che la nostra visione è stata rettificata dalla comprensione spirituale, tutte le nostre paure scompaiono, i nostri desideri egoistici spariscono e in tal modo veniamo liberati dal nostro stesso egoismo. Non diventiamo tuttavia inattivi ma, proprio come Amma, continuiamo ad agire, non più per il nostro interesse personale ma per il bene del mondo. Per una mente come la mia, di formazione scientifica, il Vedanta-Sara di Shankaracharya era come un balsamo, mi donava sollievo. La mia mente beveva le sue lucide spiegazioni sulla vera realtà come si beve un bicchiere d'acqua dopo una lunga camminata nel deserto.

All'ashram eravamo in tutto tre ragazze, le altre due residenti erano australiane. Avevamo all'incirca la stessa età, sebbene io fossi la più giovane. La prima era l'assistente personale di Amma mentre la seconda, un tipo calmo e studioso, aiutava Amma durante i darshan del Devi Bhava. Avevamo tutte compiti ben precisi e non ci restava neppure un momento per chiacchierare fra noi. Imparai a conoscerle nel tempo trascorso insieme al servizio di Amma e dell'ashram.

Le ammiravo entrambe, avevano quell'aria speciale di chi sa sempre cosa sia giusto fare. Una recitava costantemente il suo mantra, ovviamente in silenzio, mentre provvedeva alle necessità immediate di Amma, come cucinare, pulire e fare il bucato. Molto efficiente nel suo lavoro, trovava anche il tempo per affidarmi compiti particolari che mi avrebbero permesso di stare vicino ad Amma.

L'altra era altrettanto dotata per lo studio. Notai che dopo ogni lezione, mentre io mi preparavo a meditare, lei tornava in camera e copiava diligentemente gli appunti su un grande quaderno simile a un registro contabile, aggiungendo la traduzione inglese e sanscrita dei versi commentati. Ciò che avevo fatto all'università in campo scientifico, lei lo stava facendo nel campo della spiritualità. La sua attenzione e il suo amore per la Madre durante il Devi Bhava erano impressionanti: rimaneva tranquilla a fianco di Amma, senza mai perdere il ritmo fino alla fine, che di solito arrivava verso le 3 o le 4 del mattino.

Mi chiedevo se un giorno sarei mai riuscita ad avere così tanta autodisciplina. Assorbivo i concetti spirituali che ci venivano insegnati e svolgevo servizio disinteressato lavando le pentole, sebbene il centro delle mie pratiche spirituali fosse il tempo dedicato alla meditazione.

SESSIONE DI YOGA

Una mattina, dopo colazione, Amma mi chiamò in camera sua. Qualcuno le aveva detto che conoscevo l'hatha yoga e lei voleva vedere come eseguivo le *asana* (posizioni yoga). Un paio di residenti sedevano tranquillamente in un angolo e non mi prestavano particolare attenzione. Cominciai con il Saluto al Sole, poi passai alla Postura dell'Arciere, rimanendo a lungo in equilibrio su un piede solo, quindi alla posizione sulla testa, la verticale e altre asana che Amma mi chiese di eseguire. Non avevo mai dedicato molto tempo allo yoga, avevo casualmente imparato le basi della tecnica dalla madre di un mio amico delle superiori. Ma Amma era entusiasta e mi fece ripetere alcune asana più volte.

Infine mi disse di sedermi di fronte a lei nella posizione del loto. Era abbastanza facile. Anche lei fece lo stesso, allineando le sue ginocchia con le mie, e così cominciò il divertimento! Amma si chinò in avanti per afferrare i miei avambracci e io feci altrettanto, poi iniziammo a ruotare leggermente in senso orario, descrivendo un piccolo cerchio che si ingrandiva sempre di più. Ben presto Amma si mise a oscillare all'indietro sino a sfiorare il pavimento, mentre io mi piegavo in avanti per controbilanciare il peso e la forza dei suoi movimenti. Poi il mio busto si piegava all'indietro, quasi fino a terra, mentre il peso e le oscillazioni di Amma mi controbilanciavano.

Con la sua stretta Amma mi indicò di aumentare la velocità. Così, girando in quel movimento vorticoso, entrammo in un ritmo perfetto. Non l'avevo mai fatto prima, era molto più che inebriante. La sua assistente si era inginocchiata lì vicino e la sentivo dire: "State attente, finirete per sbattere la testa! Attenzione! Fermatevi!". Io però sapevo che Amma ed io eravamo in perfetta sincronia: quando lei ruotava all'indietro, io ruotavo in avanti. In ogni caso non c'era modo di andare più lentamente perché era Amma a condurre, non io! Infine rallentò e scoppiammo entrambe a ridere. La testa non mi girava ma la mia anima era decisamente sottosopra!

Dopo aver ripreso fiato, Amma mi chiese di insegnare yoga alle altre residenti. Le lezioni si sarebbero tenute nella camera di Amma al mattino, dopo che lei era scesa al piano di sotto. E così il primo corso femminile di yoga dell'ashram fu inaugurato dalla più grande yogini dell'universo: Amma!

IMPARARE A FARE IL BUCATO

Dietro la casa della famiglia di Amma c'erano tre pietre per lavare i panni e un rubinetto da cui ogni tanto usciva dell'acqua. Fu lì che mi ritrovai la prima settimana alle prese con il bucato. Come usare esattamente quell'enorme pietra per lavare i panni? Arrivai al lavatoio armata di secchio, barretta di sapone "Rin" e di molte macchie sui vestiti. Ovvio, no? Riempi il secchio, metti a bagno i vestiti, insaponi e dov'è necessario strofini con la spazzola, attenta a non schizzare il tuo vicino e, soprattutto, a non sprecare acqua.

Inizialmente sembrava che andasse tutto bene, voglio dire che la procedura pareva funzionare, ma ci mettevo molto più tempo degli altri. Non volendo passare per la novellina del bucato, mentre ero in coda al rubinetto dell'acqua osservai quello che facevano gli altri. Aha! Prima battevano e poi strofinavano i capi sulla superficie della pietra. Molto meglio che usare la mia spazzolina di plastica! Così, dopo aver riempito il secchio, cominciai a fare come gli altri... o almeno così credevo.

Alla fine uno dei monaci, oggi Swami Amritaswarupananda, si rivolse a me e disse molto gentilmente: "Se sbatti in quel modo i tuoi vestiti sulla pietra, ne resterà ben poco. Guarda, cerca di fare così". Ero davvero commossa che volesse aiutarmi a migliorare la mia tecnica e che non avesse avuto timore di dirmelo. Aveva ragione, una piccola mossa del polso permetteva di girare i panni in aria in modo che ricadessero su se stessi e non direttamente sulla dura roccia. Con quel movimento si attorcigliavano e le macchie sparivano dal tessuto. Questo metodo era molto più veloce e faceva la metà del rumore. Inoltre, molte meno bolle si posavano sul vicino, cosa per niente educata! In un batter d'occhio il mio cesto di panni sporchi si svuotò e lasciai il posto alla persona dietro di me, ben contenta di poter cominciare.

DOVERI NOTTURNI

La sera, dopo i bhajan, venni incaricata di seguire Amma con una bottiglia, un ventaglio e un asciugamano per il viso. Se Amma chiedeva qualche oggetto, dovevo correre a cercarlo, se voleva parlare con qualcuno, dovevo rintracciarlo. Amma passeggiava, a volte sola, ma più spesso in compagnia di devoti venuti in visita o di residenti dell'ashram. Si sedeva ai piedi di un albero di cocco o sulla soglia delle capanne e iniziava lunghe conversazioni notturne. A volte rideva e scherzava, altre volte affrontava argomenti seri. Io dedicavo tutto questo tempo alla pratica del mantra japa e a prestare attenzione ai suoi bisogni. Il livello di energia di Amma non calava mai, la sua attenzione era rivolta alle esigenze e alle preoccupazioni degli altri. Consacrava tutto il suo tempo a chi andava da lei. Giorno dopo giorno rinunciava al cibo e al sonno e starle dietro era difficile, perfino per una ragazza di ventitre anni!

Una notte, dopo i bhajan, qualcuno portò ad Amma una tampura, strumento musicale a quattro corde che produce una risonanza armonica su una nota di bordone. Amma cominciò a suonarla guardando le stelle. Osservavo il suo viso e la vidi scivolare in *samadhi*. Non avevo mai visto qualcuno entrare in quello stato e sentii sorgere un'onda di pace purificante. Non volevo disturbare questo momento di pura beatitudine fissando Amma, ma il bagliore del suo viso, come luna infuocata, sembrava emanare dall'interno. Lo splendore radioso di Amma divenne sempre più evidente.

Lacrime silenziose rigarono per qualche istante le sue guance, poi si udì una risata sommessa, quasi un mormorio, che pareva provenire da un altro piano di esistenza. Continuò per un po' e poi si spense. Quella notte realizzai che il sentiero dell'amore era molto più profondo di quanto avessi immaginato. La coscienza di Amma rimase assorta in questo stato per ore. Restai seduta vicino a lei finché, poco prima dell'alba, aprì gli occhi. Mentre la notte trascorreva, i monaci, seduti in meditazione, s'inebriavano in quella sublime atmosfera.

OGNI NOTTE

Ogni notte Amma chiamava nella sua camera una o due ragazze perché le dessero una mano. A mio parere, se veramente vuoi capire che tipo di persona hai davanti, va' a vedere la sua camera. La mia è un caos totale, quella di Amma è di una semplicità incredibile. Grande al massimo cinque metri per sei, aveva le pareti bianche e conteneva un piccolo letto con sotto degli armadietti per gli abiti chiusi con delle porticine scorrevoli. Nessun altro mobile, neppure una sedia. Per mangiare, Amma sedeva a terra su una stuoia di paglia. Niente telefono, niente televisione, solo un ventilatore al soffitto. La 'cucina' consisteva di un piano cottura a due fuochi situato su un piccolo balcone e un minuscolo frigorifero. Le uniche decorazioni erano una statua di argilla dipinta raffigurante Krishna, collocata in un angolo della stanza e un'immagine della dea Saraswati appesa alla parete di fronte al letto.

Con il rischio di bruciare le tappe, vorrei raccontarvi un aneddoto. Non molto tempo fa, mentre Amma stava svolgendo il tour estivo, venne costruita per lei una bellissima camera in riva al mare: grande, ariosa, luminosa, con vista sul Mare Arabico; accarezzata dalla fresca brezza dell'oceano, era raggiunta solo dal suono delle onde che si infrangevano sulla riva e aveva annessa una cucina vera. Quando Amma ritornò dal viaggio, rifiutò di mettere piede nella nuova stanza dicendo che quella attuale andava più che bene. E la discussione non proseguì oltre. L'appartamento che Amma occupava allora è lo stesso di oggi, solo che adesso, naturalmente, è dotato di telefono!

Sto divagando. Le notti erano tranquille nella camera di Amma: le servivo una cena leggera mentre leggeva una montagna di lettere a cui poi rispondeva. Ma alcune notti Amma le trascorreva lavorando. Una scena frequente era quella di Amma che leggeva una lettera tenendola in una mano mentre un'altra persona gliene leggeva un'altra; se qualcuno entrava nella stanza e chi leggeva faceva una pausa, Amma ne chiedeva il motivo: "Ho due orecchie, non c'è bisogno che ti fermi". Ed era vero, la sua mente era totalmente presente in ogni compito che svolgeva e lo portava a termine alla perfezione.

Questo era anche il momento in cui i residenti potevano esporre un loro problema o chiedere consigli o indicazioni per modificare un proprio comportamento. Amma aveva la politica della 'porta aperta': la porta del suo appartamento era sempre aperta. Se necessario, potevamo entrare in qualsiasi momento. Mi ha sempre sorpresa vedere come Amma non avesse alcun bisogno di privacy, né di giorno né di notte. Tutto il suo tempo era dedicato agli altri. Se i suoi piedi o i muscoli dei polpacci erano dolenti, li massaggiavo oppure aiutavo a preparare i suoi pasti. 'Dormire' non è esattamente il termine che userei per descrivere che cosa facesse Amma quando si sdraiava. Si trattava piuttosto di far riposare il corpo per alcune ore. La sua totale consapevolezza restava intatta persino in quei momenti, tanto che spesso ci svegliava perché ci prendessimo cura di qualcuno che era arrivato nella notte o di un malato che aveva bisogno d'aiuto.

CUCINARE PER AMMA

Una volta mi venne chiesto di preparare un contorno per la cena. La persona che solitamente cucinava per Amma mi consigliò un piatto e mi diede precise istruzioni. Invece di recitare ininterrottamente il mantra, ricordo che pensavo: "Come sono fortunata a preparare questo piatto! Ad Amma piacerà molto. Forse d'ora in poi mi chiederà di cucinare sempre per lei!" E così, anziché di puro mantra, la pietanza era impregnata di puro ego.

Nel momento in cui veniva servita la cena fui chiamata a svolgere qualche altro compito. Ero delusa di non poter vedere l'espressione di Amma mentre gustava la mia offerta e non avevo idea di quel che stava per accadere. Dopo circa mezz'ora, qualcuno venne a cercarmi: dovevo correre nella camera di Amma perché si sentiva molto male. Quando entrai, rimasi inorridita: Amma era in bagno, stava vomitando violentemente e voleva che la sostenessi. Standole accanto, mentre l'aiutavo versando dell'acqua fresca, mi sentivo molto a disagio. Quando la nausea diminuì, le offrii un bicchiere d'acqua per sciacquarsi la bocca e le porsi un asciugamano per il viso. Sapevo che era colpa del cibo che avevo preparato con così tanto ego. Che disastro!

I monaci volevano sapere come avessi cucinato quel piatto e soprattutto perché avessi preparato proprio quella particolare pietanza che non si mangiava solitamente la sera. Quando Amma finì di espellere il cibo dal suo corpo, ci sedemmo tutti quanti. Raccontai qual era il vero problema del piatto che avevo cucinato e attesi la reazione di Amma. Scoppiando a ridere, mi tirò l'orecchio, ovviamente quello destro, l'orecchio che mi aveva tirato il giorno del nostro incontro. Disse a tutti, non solo a me, che dovremmo compiere ogni azione in piena consapevolezza. Il mantra ci aiuterà se lo ripetiamo costantemente e, se recitato con *sraddha* (consapevolezza e fede), purificherà ogni azione.

Ascoltavamo tutti attentamente, io più che mai perché era davvero il mio momento per imparare. Questo era il modo di insegnare di Amma, con dolcezza e leggerezza, non per umiliare qualcuno in particolare ma per assicurarsi che l'essenza del messaggio fosse trasmessa, e non solo a beneficio di una persona ma anche agli altri. Ancora oggi Amma agisce così. Ha rimproverato più di una persona, a volte senza che sia chiaro perché una particolare situazione la induca a una reazione così viva.

Notai che il tono di Amma era sempre in accordo con il livello di coscienza della persona alla quale era rivolto l'insegnamento. Chi aveva la lingua affilata riceveva rimproveri taglienti, quelli dall'animo gentile erano trattati di conseguenza. Se un rimprovero mi sembrava ingiusto, riflettendoci arrivavo sempre a capire cosa dovesse essere corretto. Il compito di Amma è quello di liberarci dal nostro senso di "io" e "mio", dal nostro meschino egoismo. In pratica, avevo bisogno di perdere la concezione di essere colei che compie un'azione. Perché avrei dovuto reagire di fronte ad Amma? Non ero venuta per questo, per diventare veramente libera?

ACCENDERE LE LAMPADE

Una sera, al termine dei bhajan, arrivarono diverse auto private per condurre Amma e i residenti dell'ashram a Kollam. Una delle prime famiglie di devoti di Amma viveva lì e aveva organizzato un ricevimento. Erano già le nove di sera quando salimmo in macchina, noi ragazze sedevamo con Amma sul sedile posteriore, i due monaci su quello davanti. Le altre auto erano stipate degli altri residenti e degli strumenti musicali. Quando entrammo nell'auto di Amma, il sedile era quasi tutto occupato.

Riuscii a rannicchiarmi a terra senza troppe difficoltà per lasciare più spazio ad Amma; avevo una visuale perfetta di quanto accadeva. Amma cominciò a cantare "Shiva Shiva Hara Hara", un bhajan che inizia molto lentamente e poi prosegue, sempre più velocemente, all'infinito. Amma rideva e invocava a gran voce, tutti noi cantavamo di cuore. L'intera vettura era satura di una beatitudine indescrivibile. Non so come facesse l'autista a guidare! Quando il canto finì, eravamo praticamente a Kollam. Amma era piena di fervore e in uno stato di esaltazione, i suoi occhi brillavano come tizzoni ardenti.

Parlai ad Amma dell'intensa beatitudine che provavo, ovviamente soltanto alcune volte, quando cantavo un bhajan con tutto il cuore: "È questa la vera beatitudine?", chiesi. Amma mi disse di provare a ridurre la distanza tra i diversi momenti in cui sperimentavo quella beatitudine, sforzandomi di renderla continua. Quando tutte queste pause fossero svanite, avrei avuto l'esperienza reale. Arrivando a Kollam, era evidente che quella sarebbe stata una notte speciale.

La casa era stata decorata per l'arrivo di Amma. Ghirlande di fiori ornavano l'intera veranda e un'enorme lampada a olio illuminava l'entrata principale. Amma fu condotta nella stanza della puja, dove abbondavano vassoi di frutta e profumati fiori di gelsomino. Accanto a dov'era seduta Amma, c'era un vassoio con lucenti oggetti di ottone per la puja. Tutti i monaci entrarono, io sedevo proprio dietro di lei e avevo con me un asciugamano per il suo viso e un ventaglio.

Ogni singola foto sull'altare sfaccettato era decorata con ghirlande di fiori freschi, qualcuno aveva passato l'intera giornata ad allestire alla perfezione la sala della puja. Attorno a me, ovunque volgessi lo sguardo, vedevo bellezza. Una grande foto di Amma in Devi Bhava occupava lo spazio centrale. Amma cominciò accendendo la nuova lampada a olio con una lampada più piccola, che aveva già acceso con un fiammifero. Poi con la lampada accese alcune zollette di canfora, le prese con le dita e le mise a galleggiare sull'acqua nel kindi di ottone. Come aveva potuto farlo senza bruciarsi le dita e senza spegnere la fiamma?

Mentre la canfora roteava sull'acqua, Amma prese un pizzico di cenere sacra e la sparse sull'acqua. Adesso la canfora ardente correva in direzioni diverse sotto lo sguardo di Amma. I monaci avevano già iniziato a recitare i mantra e poco dopo Amma si unì a loro. Non erano gli stessi mantra che avevo sentito all'ashram, erano diversi. Non conoscendo il sanscrito, per me divennero semplicemente 'i mantra delle visite nelle case'.

Amma sollevò il grande vaso di acqua che aveva benedetto con la canfora e la cenere sacra, lo alzò all'altezza del viso, soffiò sulla superficie dell'acqua e poi inspirò profondamente. O almeno questo era quanto potevo vedere dalla mia postazione. Amma accese la canfora sul cucchiaio dell'arati e con la fiamma descrisse dei cerchi attorno ad alcune foto della puja, ma non intorno alla sua. Raccolse una manciata di fiori di gelsomini mescolati ad altri fiori rosa e rossi che non conoscevo, li presentò per un istante alla fiamma della canfora e poi li lanciò benedicendo le foto. Con la mano destra asperse l'acqua benedetta nella stanza e sui presenti e poi iniziò a cantare:

Vedanta venalilute oro nadanta panthannalannal
ni tan tunaykkum avane enne Gitarttham ippozh evite?

Dov'è ora la Verità della Gita
che proclama che Tu guiderai
un viaggiatore al silenzio ultimo
attraverso l'arida estate del Vedanta?

Questo canto faceva da contrappunto al bhajan che avevamo cantato in macchina. Sentivo la beatitudine del canto trasportarmi e provai a fare come Amma mi aveva consigliato: eliminare gli intervalli e fissare la mente su un unico punto. Sciogliermi nell'amore divino almeno per un momento.

In seguito Amma fu condotta in una stanza più grande dove avrebbe potuto accogliere i vari membri di quella famiglia e i loro parenti per il darshan. A tutti noi venne offerta una cena squisita. Era il mio primo pasto indiano completo e poco dopo dovetti supplicarli di smettere di riempirmi il piatto. Tutti scoppiarono a ridere quando dissi in malayalam "madì", "abbastanza".

Ci trattenemmo nella casa per circa un'ora. Pensavo che dopo saremmo tornati all'ashram ma, invece di rientrare in macchina, Amma mi fece segno di seguirla e cominciammo a scendere lungo un sentiero. I monaci la raggiunsero appena entrò nella casa successiva dove, accanto alla porta, bruciava una lampada a olio. La famiglia l'aspettava speranzosa e, prima ancora che avessero finito di lavarle i piedi, Amma era già nella stanza della puja. La scena si ripeté, ma questa volta Amma intonò un canto diverso:

kotannu koti varshangalayi satyame
tetunnu ninne manusyan

O Verità eterna, da milioni e milioni di anni l'umanità Ti sta cercando.

Amma diede il darshan alla famiglia e ai parenti e assaggiò il cibo offertole. Uscì ed entrò nella casa accanto, dove una lampada era stata accesa sulla porta d'ingresso. La stessa scena si ripeté in altre sette case. Io seguivo Amma cercando di tenere il passo, era velocissima. I monaci erano sincronizzati con il suo ritmo, non avevano problemi. Usciti dall'ultima abitazione, lanciai un'occhiata all'orologio. Erano quasi le 2 del mattino. Il cielo era sereno e l'aria piacevolmente fresca. Ma… un momento… Amma si stava dirigendo nella direzione opposta a quella da cui venivamo. Corsi per raggiungerla.

Accelerò il passo e, poco dopo, apparve un piccolo sentiero. Amma lo imboccò mentre io la seguivo da vicino. Ci ritrovammo così su una stradina. Più di una dozzina di case avevano acceso le lampade a olio lungo tutta la via che si perdeva nella notte! L'esuberanza di Amma non accennava a diminuire, era una coppa straripante di amore che diffondeva gioia in ogni singola casa in cui era stata accesa la lampada. L'entusiasmo di Amma nell'offrire sostegno spirituale a tutte le persone che aspettavano trepidanti il suo arrivo era sconfinato. Rientrammo all'ashram poco prima dell'alba.

LA FAMIGLIA DI AMMA

La famiglia di Amma dimostrava generosità in ogni modo. Era facile accorgersene. Mi avevano accolta nella loro casa, mi avevano dato una stanza e avevano donato tutti i loro beni per aiutare l'ashram, senza aspettarsi niente in cambio. A mano a mano che la natura divina di Amma diveniva sempre più nota, i suoi familiari dovevano affrontare molte difficoltà. Sulla soglia di casa si erano già presentati sei ricercatori spirituali venuti da tre continenti diversi per vivere con Amma! I famigliari avrebbero potuto reagire in molti modi ma avevano scelto di comportarsi con tutti offrendo una gentile ospitalità. È stato incredibile, in tutti questi anni, conoscere la madre e il padre di Amma, i suoi fratelli e sorelle, osservarli andare a scuola, diplomarsi, sposarsi, mettere su famiglia, avviare delle attività e avere successo.

Non dev'essere stato facile adeguarsi alle crescenti esigenze della missione di Amma, situata proprio nel cortile di casa. Più volte la sua famiglia ha lasciato case e terreni per spostarsi più lontano, in modo da liberare spazio per accogliere il crescente e costante flusso di devoti. Genitori, fratelli e sorelle di Amma hanno donato i loro beni all'ashram affinché potesse crescere.

Molte sere era possibile vederli godere della fresca brezza in compagnia l'uno dell'altro, parlando e scherzando come tante altre famiglie. Condividevano con tutti noi quello che avevano, inclusa l'intera casa, la proprietà, il cibo e la legna per cucinare. Se qualcuno arrivava di notte o aveva bisogno di un posto per riposare, la loro porta era sempre aperta. Molte famiglie avrebbero potuto risentirsi delle costanti intrusioni ma loro si comportavano esattamente nel modo opposto. Pensavano che accogliere i devoti fosse un loro dovere.

Anni dopo, tutti i terreni donati furono riuniti in un fondo fiduciario intestato all'ordine dei Sannyasa che Amma ha creato ad Amritapuri. Neppure un angolo dell'ashram appartiene a uno dei membri della famiglia, nonostante essi abbiano ceduto gratuitamente al fondo tutte le proprietà (nessuno di loro ha ricevuto un centesimo per la sua terra). Tutte le scuole, gli ospedali e le istituzioni di Amma sono gestite dal consiglio di amministrazione dell'ashram. Il nome di Amma non figura nemmeno sugli atti o sui titoli di proprietà dell'ashram! Inoltre, nessun familiare di Amma è coinvolto in alcun modo nell'amministrazione, solo i sannyasi sono membri del consiglio direttivo. Com'è confortante sapere che oggigiorno esiste tutto questo!

Nel maggio del 1999, quando giunse il momento che Durga, la nipote di Amma, si sposasse, vi fu grande entusiasmo perché era la prima delle sue nipoti a fare questo passo. La famiglia chiese la benedizione di Amma per ottenere un prestito dalla banca e assicurarsi di poter compiere tutti i preparativi necessari. In India è ancora la famiglia della sposa a farsi carico della maggior parte delle spese. C'erano vari motivi per cui la cerimonia era considerata una circostanza propizia: in particolare, questo matrimonio dimostrava che la famiglia di Amma era capace di provvedere ai propri bisogni senza ricorrere in alcun modo all'ashram.

Per Sugunanandan Acchan e Damayanti Amma era motivo di orgoglio vedere tutti i propri figli e i loro coniugi diplomarsi al college, sposarsi e badare alle loro famiglie mentre l'ashram era in piena fioritura. Nel giro di poco tempo, tutti avrebbero avviato la propria attività, che si trattasse di un caseificio o di una piccola impresa di costruzione di barche, grazie al duro lavoro e al talento naturale. Tutti vennero invitati al matrimonio e, come vuole la tradizione indiana, fu allestito un ricco e memorabile banchetto per sfamare un gran numero di persone.

IL DARSHAN IN KRISHNA BHAVA

Una mattina venne fatto un annuncio sorprendente: domenica Amma avrebbe dato il darshan in Krishna Bhava! Si trattava di un evento molto speciale per tutti i devoti. Fino a qualche anno prima, Amma dava nella stessa notte il darshan in Devi Bhava e in Krishna Bhava, ma questo non accadeva più da tempo. La notizia si sparse rapidamente e la domenica arrivò una grande folla in attesa del Krishna Bhava. L'atmosfera nel Kalari era completamente diversa: mentre la Devi era seria, Krishna giocava con i devoti, stando in piedi su una gamba sola e appoggiando l'altro piede a uno sgabello. Tutti i posti a sedere erano occupati. I devoti entravano nel tempio e ricevano il prasad in piedi. Ad Amma veniva teso un contenitore colmo di pezzi di banane con cui lei imboccava chi riceveva il darshan. Anche i bhajan erano diversi, erano canti dedicati a Krishna e molte di queste melodie erano allegre. Come al solito entrai nel tempio per meditare ma non avevo voglia di prendere il darshan. È strano a dirsi, ma sembrava che la mia devozione fosse solo per la Madre Divina!

Verso la fine della notte, qualcuno venne a chiamarmi per il darshan perché Amma sapeva che non l'avevo ancora ricevuto. Io però risposi che il mio cuore voleva solo la Madre Divina. Poco prima che terminasse il Krishna Bhava, Amma si avvicinò alla porta del tempio per salutare i molti devoti che si erano trattenuti. Oltrepassò la soglia e cominciò a danzare con le braccia rivolte al cielo e un radioso sorriso. Anche il suo viso sembrava diverso quella notte, più infantile e dispettoso! La danza continuava mentre il ritmo del bhajan accelerava. Adesso rimpiangevo di non essere andata al darshan, ma era ormai troppo tardi per cambiare idea. Che stupida! Per quanto ne sappia, quella è stata l'ultima volta che Amma ha dato il darshan in Krishna Bhava.

LEZIONI DI CUCITO

Un pomeriggio, mentre mi trovavo nella sua camera, Amma decise di cucire. Per maggiore praticità, spostammo al centro della stanza la macchina da cucire a pedale che si trovava in un angolo e Amma cominciò le modifiche che aveva in mente. Non avendola mai vista cucire, rimasi incantata. Prese alcune delle sue gonne dall'armadietto e, aiutandosi con un uncinetto, iniziò a scucire l'orlo con le sue agili dita, così velocemente che seguire i suoi movimenti era impossibile. Continuando a guardare il tessuto scivoloso, lo passò alla macchina e, senza usare spilli per fissare le riparazioni, cominciò a cucire. Amma era capace di cucire perfettamente diritto in un lampo, esercitava la giusta pressione in modo che la gonna fosse ben tesa e centrata sotto l'ago oscillante mentre con il pedale faceva funzionare la macchina. Era una sarta esperta, questo era chiaro!

Quando terminò le tre gonne, le mise da parte e mi chiese se mi piaceva cucire. Riposi di sì, ma che non ero molto brava. Mi passò l'ago e il rocchetto di filo e mi diede una gonna a cui fare l'orlo. Nonostante facessi del mio meglio, mi ci volle più di un'ora per completare il lavoro. Amma non sembrava avere alcuna fretta e mi guardava attentamente. Tramite un traduttore, mi disse che un ago costa solo pochi paisa ed è un oggetto insignificante, ma se per distrazione lo dimenticassimo dopo aver finito il lavoro, qualcuno potrebbe calpestarlo e farsi male. Dovremmo fare sempre attenzione ed essere consapevoli persino di cose insignificanti, altrimenti un'inezia potrebbe diventare un grande problema. Amma mi stava insegnando l'ABC della spiritualità, ma ero in grado di imparare?

PELLEGRINAGGIO ALL'ASHRAM KANVA

A quel tempo il bibliotecario dell'ashram era un occidentale che conosceva il custode del famoso 'Kanva Ashram', vicino a Varkala, nel Kerala centrale. Amma propose a tutti i residenti di recarsi in pellegrinaggio in questo ashram, così salimmo su un autobus a noleggio e partimmo. Era il mio primo pellegrinaggio spirituale con lei! Al nostro arrivo ci vennero assegnate le camere: le ragazze stavano con Amma e il resto del gruppo in un altro posto. Per una volta essere donna era una gran fortuna! Poi... via ad aiutare a tagliare le verdure e a svolgere qualche altro piccolo compito.

Nel tardo pomeriggio, ci riunimmo attorno al laghetto del *tirtham* (acqua sacra).

Amma indossava uno scialle annodato attorno al collo e aveva i capelli raccolti sulla testa in una crocchia: quando la vedevo camminare vestita in questo modo, avevo sempre l'impressione di avere davanti a me il Signore Shiva in persona. Che emozione! Sedemmo tutti per una meditazione lunga e bellissima, l'atmosfera favoriva talmente la meditazione che neppure una scimmia avrebbe potuto trattenersi dallo sprofondare nel silenzio. Mentre rimanevamo seduti nella calma che seguiva la meditazione, senza alcun bisogno di parlare, vennero distribuiti alcuni snack e latte mescolato con acqua. Amma parlò per un po'con un tono dolce e calmo senza che le sue parole fossero tradotte. Non c'era veramente bisogno di traduzione, ero contenta anche solo di godermi il suo tono di voce e il dolce bagliore che la circondava al tramonto. Ricordo il canto dei bhajan, seguito da una semplice cena a base di *kanji* prima di ritirarci per la notte. Un'ora prima dell'alba fummo svegliati dalla campana per l'archana. Amma era sdraiata ma non dormiva. Malgrado non sembrasse che il nostro uscire per le preghiere la disturbasse, mi mossi silenziosamente come un topolino.

I giorni passarono come quello precedente: molte occasioni per meditare, leggere testi di Vedanta, scrivere il mio diario, aiutare nel taglio delle verdure e nel lavaggio dei piatti. Ma un pomeriggio accadde qualcosa di straordinario: Amma chiamò le ragazze per andare a nuotare. Eravamo noi tre e Amma. Il posto in cui nuotare era un grande bacino d'acqua non molto lontano. All'epoca non avevamo costumi da bagno, così indossammo le sottovesti legandole strette su una spalla. Amma aveva una lunga sottogonna, molto più comoda. Entrammo lentamente per non smuovere il fango. Il bacino era profondo: dovevamo quindi fare qualche passo nell'acqua e poi nuotare un po' per stare a galla, rimanendo una vicina all'altra per lasciare ad Amma lo spazio per fare quello che la rilassava: galleggiare nella posizione del loto, il viso rivolto al cielo. Dopo un po', ci chiese di prenderci per mano e di nuotare in cerchio. Era davvero difficile ma lei voleva che ci riuscissimo. Ripeteva: "I miei tre cigni, i tre cigni bianchi di Amma!" Per me fu un bellissimo momento di sorellanza.

Improvvisamente Amma cambiò umore e ci disse di uscire dall'acqua. Era molto insistente, così nuotammo fino alla riva e salimmo goffamente sul bordo della vasca. Quello che vedemmo quando ci voltammo ci fece rabbrividire: dei serpenti, tantissimi, stavano nuotando nella nostra direzione! Che scena! Sembrava una vera e propria nidiata giunta per mangiare i cigni di Amma. Tutte noi scuotemmo la testa: ancora una volta ci aveva salvate!

PELLEGRINAGGIO A KANYA KUMARI

Il mio visto sarebbe scaduto dopo un mese e non avevo più molti soldi, così scrissi a mio nonno e gli chiesi se mi poteva fare un prestito. Era sempre stato generoso con me e una settimana dopo ricevetti 300 dollari. Nel frattempo, la mia concezione del denaro era cambiata. Non ne avevo veramente bisogno, era meglio donarlo ad Amma per permettere all'ashram di acquistare i mattoni necessari a costruire dietro il Kalari una piccola grotta sotterranea per la meditazione. Tuttavia, quando Amma seppe della mia idea, suggerì di partire per un altro pellegrinaggio, stavolta con tutti i residenti e devoti che potevano entrare in un autobus da turismo. Destinazione: Kanya Kumari!

L'invito di Amma si diffuse velocemente e pochi giorni dopo eravamo diretti a sud. Acquistammo degli spuntini per il viaggio, i devoti prepararono a casa loro riso allo yogurt e mango sottaceto e sul pullman vennero caricati dei pentoloni per cucinare un pasto veloce durante il viaggio. Amma aveva molto senso pratico, con lei anche le attività più semplici diventavano un'occasione per festeggiare!

Scendendo lungo la strada costiera, ci fermammo per seguire a piedi un famoso sentiero collinare chiamato Maruthamalai, che sale fino a un'alta rupe affacciata sulla costa occidentale di questo bel gioiello blu che è il Mare Arabico. Ci inerpicammo per ore su un ripido sentiero roccioso, tra enormi massi e sterpaglie, prima di raggiungere la cima. Amma rimase scalza per tutto il tempo! Diversi uomini trasportavano sulla testa dei cesti con snack e biscotti da consumare una volta giunti in cima. Non riuscivo a credere che potessero salire con un tale peso, ma sembravano estremamente felici di svolgere questo compito speciale.

Quando raggiungemmo la sommità della rupe, il panorama che si apriva davanti a noi meritava quella scalata. La vista era spettacolare, si vedevano chilometri di costa, la pittoresca valle sottostante e molti templi importanti. Una delle caratteristiche di questa rupe erano le sue grotte. Una si trovava proprio vicino al sentiero da cui eravamo arrivati ed era chiusa da una porticina di legno con un robusto lucchetto. Io ero accanto ad Amma, tenevo come al solito il ventaglio e l'asciugamano per il viso.

A quel punto lei fece una cosa sorprendente. Non so se qualcun altro se ne accorse né se qualcuno stesse guardando nel momento in cui la mano di Amma sfrecciò e sfiorò il lucchetto per un attimo. Poi si voltò e disse a un devoto: "Figlio, puoi provare ad aprire il lucchetto?" Appena lo prese tra le mani, il lucchetto si aprì, come se fosse stato chiuso male. Non potevo credere ai miei occhi. Avevo sognato? Non per molto, perché Amma era già entrata nella grotta e stava accingendosi a cantare un bhajan e a fare una breve meditazione. Le lenzuola arrotolate, i testi sacri, la piccola scrivania e il semplice altare per la meditazione e la puja indicavano chiaramente che la grotta era abitata. Sebbene sembrassimo troppi per quello spazio ridotto, riuscimmo tutti in qualche modo a entrare. Amma cantò "Mano Buddhyahamkara" e poi sedette tranquillamente, imitata da noi, per un po'. Qualcuno le portò dell'acqua e dei fiori, trovati non so dove, forse erano già nella grotta? I monaci recitarono i mantra e Amma benedisse l'altare lanciando dei petali di fiori e spruzzando acqua benedetta tutto intorno.

Uscimmo dalla grotta e Amma chiese a un devoto di assicurarsi che la porta venisse chiusa accuratamente. Mi sarebbe piaciuto vedere la faccia di chi abitava lì scoprendo, al suo ritorno, che vi era stata una 'visita'.

All'arrivo a Kanya Kumari, Amma fece salire alcuni di noi sul traghetto che, beccheggiando, procedeva traballante verso la roccia raggiunta a nuoto da Swami Vivekananda cento anni prima. In questo luogo egli aveva avuto la visione della Madre Divina, la cui impronta del piede è tuttora visibile sulla roccia. Fu proprio lì, ai piedi di Madre India, alla confluenza dei 'tre mari', che vennero sparse le ceneri del Mahatma Gandhi e di molti altri. Esiste la forte convinzione che la Madre Divina sarà sempre presente alla punta dell'India, in qualche forma, anche se a volte difficilmente identificabile. Una leggenda vivente, Mayi Amma, viveva lì a quel tempo e si credeva che fosse proprio lei la Madre Divina.

Mayi Amma era vecchissima. Nessuno conosceva esattamente la sua età perché alcuni pescatori l'avevano trovata tra le loro reti un pomeriggio di qualche anno prima. Credevano che fosse morta ma, quando il suo corpo era stato portato sulla riva, la donna aveva ripreso conoscenza e si era allontanata camminando. Era circondata da un branco di cani che vegliavano su di lei mentre manteneva acceso il fuoco alla punta dell'India, ora dopo ora, giorno dopo giorno. Parlava raramente e viveva in una casetta sulla spiaggia composta di una sola stanza, apparentemente senza alcun mezzo di sussistenza. Molte volte era stata vista nuotare nel mare burrascoso verso una roccia lontana e rimanere sdraiata per ore sotto il sole cocente.

Amma voleva farle visita, così tutti percorremmo il breve tragitto fino alla sua capanna. Poco prima di entrare mi ritrovai tra le mani una macchina fotografica e qualcuno mi disse: "Fai una foto". Non avevo alcuna particolare abilità fotografica, tantomeno desideravo scattare una foto, ma l'ordine era stato così perentorio che entrai e cercai il posto migliore per eseguirlo. La stanza era

Ashram di Kanva, lo stagno per il tirtham

semplice e pulita. Mayi Amma non era vecchia, era antica, la sua pelle aveva la tonalità scura del cuoio grinzoso. Stava riposando su una sedia, con le gambe allungate su delle assi fissate ai lati proprio a quello scopo. Era vestita come una pescatrice: un telo legato in vita come gonna e un semplice scialle che le copriva la parte superiore del corpo. I suoi capelli bianchi erano pettinati con cura e sulla sommità del capo aveva un fiore di gelsomino. Mi chiesi come facesse quel fiore a non cadere.

Amma si sedette su un lettino accanto alla sedia di Mayi Amma: c'era un'atmosfera straordinaria, sublime. In silenzio, sei o sette di noi assistevano in piedi alla scena, sparpagliati nella stanza. Io ero inchiodata alla destra di Mayi Amma, di fronte ad Amma, non sapendo cosa fare della macchina fotografica che tenevo in mano. Avevo la bocca secca. Come avrei mai potuto 'scattare una foto' e disturbare la perfezione di quel momento? E così me ne stavo ferma impalata. Passò del tempo, Amma era radiosa, brillava di una tenue luce blu e di un sorriso che non le avevo mai visto prima. Il pensiero "Chi è questa anziana donna?" attraversò la mia mente e, nel momento esatto in cui lo formulai, Mayi Amma si voltò verso di me e mi guardò dritto negli occhi.

Indubbiamente mi aveva letto nel pensiero! Il respiro mi si fermò in gola mentre incrociavo il suo sguardo. I suoi occhi erano incredibilmente belli e trasparenti! In quegli occhi di un profondo e insolito blu vidi l'oceano. Il vasto oceano si agitava, si muoveva e viveva negli occhi di quella donna. In quel momento il tempo si fermò e sentii la benedizione del suo sguardo travolgermi come un'onda. Distolse lo sguardo dopo quella che a me sembrò un'eternità, sebbene forse non fosse passato che un momento. Fu allora che presi la decisione: scattai la foto senza neppure pensarci e lei non sembrò farci caso. Poi ne feci anche una con Amma, mentre si guardavano negli occhi.

LA GUARIGIONE DI UNA FIGLIA

Per raccontare la storia della potente guarigione che ricevetti da Amma prima della mia partenza, devo innanzitutto raccontare le difficoltà che ho incontrato nei miei primi anni di vita. Sono nata a Chicago da genitori giovani, mia madre aveva lasciato l'Università Northwestern per sposare mio padre, il fidanzato del college, agiato studente e famoso giocatore di football. Poco tempo dopo la mia nascita, ci trasferimmo a Washington in modo che mio padre potesse lavorare come giornalista al Washington Post. Ci abbandonò – me e mia madre - prima che compissi quattro anni. Una sera, semplicemente, non tornò a casa. Mia madre si dovette riorganizzare in fretta poiché in quella zona non aveva nessun appoggio familiare o economico. Tornammo a Pittsburgh per vivere con i miei nonni.

Era il 1963 e il divorzio era ancora visto con disprezzo. Vivevamo in un tranquillo e pacifico quartiere di periferia vicino ad altre sei famiglie. Famiglie tradizionali. Dev'essere stato difficile per mia madre inserirsi e farsi delle amicizie in quelle circostanze. Ricordo un 4 luglio. Tutti i bambini del quartiere avevano decorato le loro biciclette per partecipare alla parata per il Giorno dell'Indipendenza lungo la nostra via e fare poi un picnic tra vicini.

Avevo trascorso l'intera mattinata a preparare la mia bicicletta, ma quando venne il momento di partire non trovai mia madre in mezzo agli altri. Andai a cercarla a casa dei nonni. Mi disse che non poteva partecipare adducendo una scusa che non aveva molto senso e così tornai in fretta alla parata per raggiungere gli altri. Solo anni dopo capii che mia madre non si sentiva a proprio agio con quelle famiglie tra cui non era la benvenuta. La nostra era la famiglia 'diversa', senza un padre, e questo mi rese vulnerabile.

Il che mi riporta al discorso iniziale. I ragazzi giocavano sempre nel bosco dietro l'abitazione dei miei nonni o in un cortile che si trovava sul retro di una delle altre case. Era un quartiere

sicuro, tutti si conoscevano. Dietro l'abitazione di un'altra famiglia c'era una casetta dei giochi dove trascorrevamo molte giornate e serate all'insegna del divertimento. Sebbene avessi solo cinque anni, avevo il permesso di andare a giocare a patto che rientrassi per l'ora di cena.

Un pomeriggio, fui la prima a uscire. In giro non c'era nessun bambino, forse stavano ancora riposando o erano in città con le loro famiglie. Dirigendomi verso la casetta dei giochi, notai un paio di ragazzi più grandi che non conoscevo. Giocando nella sabbia, aspettavo che arrivassero gli altri. Chuckie K. era poco più giovane di me e suo fratello Clifford era più grande, doveva essere un adolescente perché non l'ho mai visto giocare con noi. Entrambi giunsero nel cortile sul retro e Clifford cominciò a parlare con i ragazzi più grandi che mi stavano additando. Mi dissero che stavano andando a giocare nella casetta e mi invitarono a seguirli. E così feci, senza esitare, perché ci giocavamo sempre.

Ma questo non era un gioco. Appena entrai la porta fu sprangata. I due ragazzi che non conoscevo erano dentro con me, ridevano e divennero molto rudi, spingendosi l'un l'altro. Uno di loro cominciò a darmi degli ordini. Iniziai a piangere ma mi buttarono a terra e fecero quello che non dovrebbe essere mai fatto a nessuno. Ero terrorizzata, gridavo e piangevo. Alla fine scapparono via lasciandomi lì in lacrime. Tornai a casa, ero in uno stato pietoso.

La governante di mia nonna, Mary Abloff, stava stirando quando entrai. Mi guardò e capì subito che mi era successo qualcosa. Mi lavò senza dire nulla. Quando tornò a casa dalla città, mia nonna si arrabbiò perché avevo perso il cappello. "Dov'è?"

"Non lo so. Forse alla casetta dei giochi", balbettai.

"Va' a cercarlo, è nuovo di zecca!"

Ricominciai a piangere. La governante disse che sarebbe venuta con me. Mi prese per mano e silenziosamente mi riportò lì. Il cappello era nella casetta, ormai vuota. Non dissi una parola, ero troppo traumatizzata. Ci vollero molti anni per ricordare completamente l'incidente e per cercare di accettarlo come giovane donna.

Attribuisco ad Amma la guarigione definitiva del mio cuore ferito da quella violenza. Uno dei momenti più profondi con Amma fu quando lei mi raccontò proprio questa storia. Non ne avevo mai parlato a nessuno, neppure a mia madre.

Il pomeriggio prima che partissi per gli Stati Uniti, perché il mio visto stava scadendo, Amma mi chiese di sedermi accanto a lei nel Kalari. Cominciò dicendo che avevo un cuore innocente e aggiunse che quando ero arrivata ero una sognatrice ma negli ultimi sei mesi avevo preso sul serio la spiritualità. Era molto contenta che volessi vivere nell'ashram, mi avrebbe dato una lettera d'invito perché potessi restare senza limiti di tempo. Il mio cuore era totalmente aperto verso di lei, che mi stava dando tutto ciò che desideravo.

Poi, improvvisamente, Amma cambiò discorso. Riferendosi ai ragazzi che mi avevano fatto del male da piccola, disse che avevano commesso un grave errore e che avevano sofferto per questo. Ma disse che in qualche modo bisognava perdonarli, che il passato è come un assegno annullato, altrimenti gli avvenimenti trascorsi rovineranno la nostra mente, schiacciandoci e distruggendoci.

Rimasi sbalordita nell'ascoltare la traduzione. Annuii in segno di assenso perché sapevo che aveva perfettamente ragione. In quel momento capii anche che Amma sa tutto di noi ma lo rivela solo se assolutamente necessario. Come per la guarigione del lebbroso, ad Amma non interessa acquisire meriti grazie alle sue azioni o ai suoi poteri. Non vi è alcuna traccia di ego o interesse personale in quello che fa, nemmeno una particella. Tutte le sue azioni sono dettate da una buona ragione, una ragione cosmica. Amma è l'incarnazione della pura grazia.

Amma con Mayi Amma

Mi tenne a lungo tra le sue braccia, accarezzandomi la schiena. Quel vivido ricordo che mi aveva accompagnata da quando avevo cinque anni affiorò con forza nella mia mente, così com'era successo tante volte in passato, ma per la prima volta non mi gettò nel panico. Le immagini, le urla e la vergogna, sorsero e sfumarono. Sapevo che era il *sankalpa* (intenzione divina) di Amma perché io fossi liberata per sempre. Mi abbandonai al suo abbraccio e lasciai che mi guarisse. L'incubo era finito.

Di nuovo mi chiedo, chi può fare una cosa simile? Chi può concedere la redenzione? Chi può definitivamente 'riparare' gli eventi delle nostre vite e liberarci? Nel caso del lebbroso, la manifestazione dell'amore puro aveva sconfitto ogni ostacolo biologico alla rigenerazione dei tessuti. Noi, spettatori curiosi, ci meravigliamo. Amma non rivendica alcuna fama o gloria. Nel caso della mia aggressione, la pura grazia guaritrice è stata trasmessa all'istante, preceduta però dall'amore divino. L'impossibile diventa possibile quando si seguono le orme dell'Amore divino. Chi può fare questo? Rispondo senza esitazione: solo Dio. Nella vita di Amma sono stata molto spesso testimone di questo.

Uno degli aspetti più illuminanti della tradizione spirituale indiana è ammettere che Dio possa manifestarsi in forma umana per dare conforto e guidare coloro che soffrono e si disperano. C'è una parola sanscrita, *avatar*, che indica questo preciso fenomeno. Perché mai il Divino dovrebbe essere relegato in paradiso a governare l'esistenza umana da un trono lontano? Amo il concetto di un Dio che scende sulla terra e vive fra noi in un corpo umano. Quest'idea risuona nel mio cuore.

CAPITOLO 3

Aspettando con impazienza

Atterrare a San Francisco fu molto dura. Nonostante fossero trascorsi solo sei mesi, sentivo fortissimo il trauma della profonda diversità culturale. In quegli straordinari mesi tutto era cambiato, tanto che adesso era l'America a sembrarmi un paese straniero.

Il consolato indiano di San Francisco accettò la mia richiesta di un visto d'ingresso ma i funzionari furono molto vaghi sulla data del rilascio. I documenti sarebbero stati inviati a Delhi e poi in Kerala per accertamenti. No, non potevano dirmi quando avrei avuto notizie a riguardo. E neppure vollero tenere il mio passaporto perché avrei dovuto spedirlo una volta ottenuto il visto. "No, decisamente non è ancora il momento di comprare un biglietto aereo, e per favore non chiami, la chiameremo noi".

Tornai nel Nuovo Messico e in una settimana trovai un appartamento economico e un lavoro come cuoca in un ristorante. Appena finito di costruire un magnifico altare per la meditazione e messo a terra il materasso per dormire, avvertii forte la presenza di Amma nel mio cuore. Sentivo che tutto sarebbe andato bene. Decisi dunque di approfittare al meglio del mio soggiorno. Amma aveva sottolineato che sarebbe stata sempre con me e il minimo che potessi fare era impegnarmi a svolgere le pratiche nel miglior modo possibile.

Mi venne in aiuto il ricordo di un episodio accaduto una settimana dopo il mio primo incontro con Amma. Avevo saputo da un devoto residente all'ashram che l'iniziazione al mantra è chiamata *mantra diksha* ed è eseguita dal Guru. Non avevo quindi più fiducia nel mantra che avevo ricevuto sul fiume Colorado.

Così un mattino chiesi ad Amma se poteva darmi un mantra, senza accennarle che ne avevo già uno di seconda mano. Amma ridacchiò mentre ascoltava la traduzione e disse: "Ma tu hai già ricevuto un mantra da Amma, non è così?" Amma era sempre totale consapevolezza. Situazioni simili accadevano di continuo attorno a lei e a un certo punto diventava ridicolo continuare a ripetere: "Che coincidenza!", era meglio accettare la sua onniscienza.

Ricordare questo e altri episodi analoghi alimentò la mia fede mentre aspettavo il visto.

Siccome avevo bisogno di mettere da parte dei soldi per il ritorno in India, accettavo tutti gli straordinari che mi venivano proposti al ristorante e seguivo tutti i possibili corsi di formazione per acquisire maggiori competenze e ottenere un aumento. Sappiamo tutti che cucinare in un ristorante significa lavorare molte ore e faticare tanto per una paga bassa ma, lavorando quaranta o più ore alla settimana, si riesce a guadagnare una somma dignitosa. Sarei potuta tornare in città per ottenere un posto di lavoro adeguato ai miei studi universitari, ma volevo restare come un uccello su un ramo, pronta a spiccare il volo appena il visto fosse arrivato. Non volevo rimanere invischiata nella vita di città o nelle esigenze di una carriera. La mia priorità era guadagnare abbastanza soldi per poter tornare da Amma e, nel frattempo, trascorrere del tempo nella natura generosa del Nuovo Messico.

Ovviamente raccontai a tutti i miei amici del mio incontro con la Madre Divina e delle meravigliose vicende accadute nell'ultimo anno. Non m'interessava ciò che pensavano, adesso la mia fede era in Amma e non dipendeva dagli altri.

A Taos, nel Nuovo Messico, Ram Das e i devoti di Neem Karoli Baba avevano fondato un bellissimo tempio dedicato ad Hanuman. Potevo andare lì per stare in compagnia di persone con cui condividere il sentiero dell'amore. Cantavano magnificamente i *kirtan* (canti devozionali) e l'Hanuman Chalisa e il tempio divenne per me un luogo in cui potermi rilassare e stare in pace. Come sarebbe stato bello se Amma avesse avuto un posto come quello negli Stati Uniti!

Quando arrivò la mia prima busta paga avevo già deciso cosa farne: andai immediatamente in banca per ottenere un assegno circolare di 1.008 dollari intestato alla M.A. Mission. All'ufficio postale scrissi l'indirizzo di Amma sulla lettera con mano tremante: l'assegno avrebbe raggiunto l'ashram senza essere trafugato lungo il cammino? Era quasi tutto quello che avevo sul conto, l'equivalente di un biglietto aereo per il ritorno in India. L'affitto però era pagato, avevo una buona scorta di cibo nella dispensa e desideravo offrire il mio primo stipendio. Nell'attesa del visto, poter aiutare l'ashram nei bisogni più urgenti era per me motivo di gran consolazione. Pagai un piccolo supplemento per spedire la lettera come raccomandata e la imbucai. Che senso di leggerezza appena uscita dall'ufficio postale!

Una settimana dopo accadde una cosa stranissima: io stessa ricevetti una raccomandata! Da mio nonno. Scriveva che da quando ero tornata dall'India ero sempre nei suoi pensieri e che forse avevo bisogno di un po' di soldi per ricominciare. All'interno c'era un assegno di mille dollari.

Il tempo scorreva lentamente, ogni mese contattavo il consolato indiano ma non c'era nessuna novità sulla mia pratica 'in sospeso'. Avevo messo da parte i soldi per il biglietto aereo e più di quanto mi servisse per vivere. Il segretario dell'ashram mi aveva scritto per confermare la ricezione del dono, aggiungendo però che Amma non voleva che facessi più una cosa del genere ma che depositassi i soldi in un libretto di risparmio. Avrei potuto averne bisogno, aveva detto Amma, presto sarei tornata e sarei potuta andare incontro a spese impreviste. Considerando le scarse risorse dell'ashram, era commovente sentire che Amma si preoccupava per il mio benessere sapendo che ero sola negli Stati Uniti, lontana dalla famiglia. Certamente non era interessata ai soldi, questo era chiaro. Così aprii un conto su cui depositare i miei risparmi.

Erano passati sei mesi e la mia impazienza stava aumentando. La mia sadhana non era niente in confronto al vivere alla presenza di Amma e sentivo che il mondo mi stava logorando. Feci molti bei sogni con Amma: in uno le massaggiavo i piedi, in un altro ricevevo un lungo darshan, nuotavamo insieme in un fiume... ma non era abbastanza, il mio cuore si struggeva per la separazione.

Poi Amma mi scrisse. Mi incoraggiava a tornare, anche se solo con un visto turistico. Nel pacchetto c'era uno dei suoi asciugamani di lino per il viso, tenerlo tra le mani destò in me un turbinio di ricordi. La mia mente cominciò a valutare la possibilità di annullare la richiesta del visto di lunga durata che aspettavo da mesi. Il consolato indiano non permetteva di avere due visti diversi, chiedere un visto turistico significava porre fine all'altra pratica. Ero molto indecisa. Amma era esplicita a riguardo, ma l'idea di dover tornare in America dopo altri sei mesi di 'visita' mi pareva insopportabile. Mentre rimuginavo sul da farsi, accadde qualcosa che rese tutto perfettamente chiaro.

SALSA DI PRUGNE VIOLA

Era pomeriggio e stavo preparando nel ristorante una salsa di prugne per la cena. Era fatta con la frutta fresca e, per addensarsi, doveva bollire per più di un'ora. Poi questa composta dal colore viola brillante doveva essere frullata fino a diventare perfettamente omogenea. Questo era quello che stavo facendo quando il tappo saltò via dal frullatore e la salsa bollente mi volò sul viso. Svenni e caddi a terra per l'impatto con il liquido ustionante e i miei colleghi si precipitarono ad aiutarmi. Al primo sguardo capirono che era grave e fecero un grande impacco di ghiaccio da mettermi sul viso. Chiamarono un'ambulanza e fui immediatamente portata in ospedale. Quando arrivai al pronto soccorso ero sotto shock.

Per fortuna un collega era venuto con me per assistermi perché non riuscivo neppure a parlare correttamente. Il dolore era atroce. Lui spiegò al medico quanto era accaduto mentre l'impacco di ghiaccio veniva rimosso con cura. Dall'espressione del mio amico e dalla serietà del dottore, capii che era grave. Mi venne somministrata della morfina, fui portata nella sala per essere visitata e venne richiesto il consulto di uno specialista. Dopo avermi esaminata, il dottore mi disse che l'ustione di terzo grado aveva bruciato gran parte della mia faccia, ma che la salsa bollente si era miracolosamente fermata sotto gli occhi lasciando illesa la vista. Disse che sarei guarita ma che, con molta probabilità, avrei avuto bisogno di una chirurgia plastica e che c'era il serio rischio di un'infezione. Perciò, nella settimana seguente l'ustione doveva essere curata con la massima attenzione per evitare complicazioni. Mi fissò un appuntamento per la settimana dopo e mi dimise.

Questo ribaltamento di situazione mi sciocco. Com'era prezioso ogni singolo momento della vita, ogni attimo di salute! Quante cose avevo dato per scontate! La mia indecisione sull'eventualità di richiedere o meno un visto turistico adesso mi sembrava un lusso. Le mie speranze erano ridotte in briciole. Strinsi i denti per non piangere, le lacrime non avrebbero giovato all'ustione e il mio spirito doveva essere forte a ogni costo. Continuavo a ripetermi che poteva andare peggio. La mia onnisciente Amma avrebbe potuto non inviarmi quell'asciugamano per il viso prima dell'incidente!

Quando arrivai a casa rimossi accuratamente le bende. Rifiutai di guardarmi allo specchio e mi coprii il viso con il bellissimo e perfetto asciugamano di Amma. Sostenuta da alcuni cuscini, mi addormentai col mantra di Amma sulle labbra e un'intensa preghiera di guarigione nel cuore. La settimana trascorse come in un sogno. Il medico mi aveva dato un unguento contro le bruciature ma spalmarlo sulle piaghe era dolorosissimo. La pomata era difficile da usare perché troppo pastosa e farla assorbire mi procurava un dolore tremendo. Continuai quindi a usare l'asciugamano lenitivo e aspettai il giorno della visita. Ero determinata a restare salda e, per riuscirci, non mi guardavo allo specchio e recitavo costantemente il mantra.

LA VITA AL GALOPPO

In quel frangente, la mia vita prese a correre come un cavallo al galoppo verso la stalla al calar del sole. All'inizio della visita di controllo, il medico mi domandò se fossi la stessa persona che aveva visto al pronto soccorso la settimana prima. Non capendo il motivo della sua domanda, annuii col capo. Lui si sedette accanto a me per esaminare il mio viso: "Com'è possibile? Non ho mai visto una guarigione del genere! Cos'hai fatto?" Non potendo spiegare esattamente come stavano le cose, dissi che la crema non era facile da usare e che avevo semplicemente tenuto le ustioni pulite seguendo le sue indicazioni. Tutto ciò che avevo fatto era stato lasciare scoperte le ustioni protette da un sottile panno di lino. Mi guardò completamente incredulo ma cosa poteva dire? Concluse l'esame e mi disse che la zona lesa sarebbe sempre stata sensibile al sole. Aggiunse che, col passare del tempo, avrebbe potuto presentarsi un rossore dovuto ai capillari dei vasi sanguigni che, rigenerandosi in età adulta, sarebbero stati più visibili. Mi disse che ero una ragazza molto fortunata, ma non aveva la minima idea di quanto in realtà fossi stata benedetta!

Dunque era deciso. Tornata a casa chiamai il consolato indiano, un visto turistico era sufficiente, non potevo aspettare oltre. Dopo un'interminabile attesa in linea, l'impiegato tornò al telefono e sembrava perplesso: perché mai stavo chiedendo un visto turistico se qualche giorno prima mi avevano accordato il visto di lunga durata? Non volevo più inviargli il passaporto? Cercai una sedia per sedermi, mi sentivo frastornata. E fu così che tornai da Amma!

CAPITOLO 4

In immersione!

Felicità: una parola che dice tutto. Subito dopo il mio ritorno all'ashram tutto sembrò filare liscio, in parte grazie al fatto che l'incidente aveva accresciuto la mia determinazione interiore e mi aveva aiutato a capire quanto la vita fosse impermanente ed effimera. Vidi chiaramente che il momento vissuto accanto ad Amma era tutto ciò che avevo. Il visto d'ingresso 'a lungo termine' sarebbe durato solo un anno; sebbene potessi prolungarlo sentivo che il tempo era molto prezioso ed ero intenzionata a sfruttarlo al meglio.

Offrii ad Amma tutti i risparmi messi da parte con il mio lavoro, una somma considerevole, ma lei non volle neppure un centesimo e insistette affinché aprissi un conto in banca a Vallikkavu, il villaggio sull'altra riva della laguna. Dopo qualche resistenza accettai, precisando però che qualora l'ashram avesse avuto bisogno di qualcosa avrei dato il mio contributo.

La mia stanza si trovava nella fila delle capanne di cocco all'angolo nordovest del Kalari. In questa zona del Kerala le capanne hanno forma rettangolare e sono costruite con stuoie di fronde di cocco intrecciate, poste una sopra l'altra e legate con robuste corde. La struttura delle capanne a cui venivano fissate le stuoie era di bambù. Vivere in una di queste casupole era sempre stato un mio sogno inespresso. Fino a quel momento avevo alloggiato in una camera nella casa di famiglia di Amma. Un altro cambiamento che Amma introdusse riguardava la mia routine quotidiana: dedicavo otto ore alla meditazione e tre al seva, lei decise di invertire le proporzioni.

RAGNI E SERPENTI

La capanna di cocco non aveva ventilatore e lo spazio bastava appena per stendere due stuoie di paglia. Era un paradiso! A quell'epoca l'ashram era circondato dall'acqua su tre lati e questa fila di capanne si trovava sulla sponda della laguna situata a ovest. Dalla finestra vedevo passare famiglie di anatre, gente in canoa, serpenti d'acqua, tartarughe e rane. Spesso scorgevo serpenti strisciare sulle travi ma per me quella era la loro casa come la mia. Ecco come mi sentivo vivendo in quella capanna a stretto contatto con la natura. Quelle creature non mi disturbavano, perché avrei dovuto ostacolare il loro cammino?

Una notte tornai a casa molto tardi, non restava che poco tempo prima dell'inizio dell'archana e volevo dormire almeno qualche ora. Guardando la parete, anch'essa composta di stuoie di cocco intrecciato, notai un enorme ragno saltatore velenoso. Era difficile distinguerlo così perfettamente mimetizzato con la stuoia. Poi vidi che ce n'erano due... no... tre. Ed eccone quattro... cinque... smisi di contare e decisi di andare a letto. Temevo che se li avessi colpiti mi sarebbero saltati tutti addosso ed erano molto più numerosi di me. Continuare a pensare a loro mi provocava solo ansia, inoltre avevo con ogni probabilità dormito tranquillamente in loro compagnia per una settimana senza saperlo. Se il mio destino era quello di essere morsa e uccisa da ragni velenosi, colpirli avrebbe solo accelerato la mia fine. Sarebbe potuto accadere o forse no, dunque potevo almeno riposarmi un paio d'ore.

Dormii senza preoccupazioni, sapendo che Amma vegliava su di me. Pensando a quei primi tempi mi sorprendo dell'abbandono che mostravo allora. Certamente Amma non ci suggerirebbe mai di rimanere in una situazione rischiosa se ci accorgiamo di essere in pericolo. Dopotutto è Dio che ci dona la capacità di riconoscere il pericolo e il discernimento per evitarlo, ma nella mia fede innocente sentivo che Amma avrebbe provveduto a ogni cosa. E così fece. Mi svegliai in tempo per l'archana e più tardi raccontai dei ragni nella capanna alle mie sorelle spirituali che mi aiutarono a scacciarli. Mi accorsi che non sapevano se ridere della mia follia o ammirare l'intensità della mia fede. Alla fine decisero di fare entrambe le cose.

LA CUOCA DELL'ASHRAM

Pochi giorni dopo il mio arrivo Amma mi chiese di diventare la cuoca dell'ashram. Che onore! pensai. Dovevo aver vissuto almeno diecimila vite per meritare quel seva! Anche una giovane indiana che si era unita all'ashram avrebbe dato una mano in cucina, situata nella casa di famiglia di Amma. Il cibo veniva cotto su fuochi aperti in ampie e profonde conche dotate di comignolo. Le pentole poggiavano su blocchi di pietra che potevano essere spostati con attenzione in funzione delle dimensioni della pentola. Il primo giorno Damayanti Amma, la madre di Amma, venne di persona per insegnarmi ad accendere correttamente il fuoco. Cominciò mostrandomi come celebrare una semplice puja: un'offerta al fuoco del primo pezzetto di polpa fresca di cocco appena tagliata seguita da una preghiera e dall'aspersione rituale di acqua. Era molto severa: mi mostrò come spazzare, primo compito da svolgere prima del sorgere del sole, pulire con lo straccio il pavimento della cucina e riordinare i recipienti. Mi disse di mantenere pura l'acqua e di usare con cura i mestoli. Dato che Damayanti Amma non parlava inglese, sono sicura che se qualcuno avesse assistito a queste istruzioni avrebbe trovato la scena divertente.

Le mie giornate cominciavano alle 4.30 con l'archana e poi, entro le 6.00, mi recavo in cucina. Nei giorni di Devi Bhava le luci si spegnevano di norma alle due di notte o anche più tardi, di rado a mezzanotte. Non c'erano né tè né caffè, due volte al giorno veniva servito del latte bollito molto zuccherato e diluito con acqua. Quando ero chiamata a dare una mano nell'appartamento di Amma, sapevo che avrei dormito solo poche ore.

Amma non 'dormiva' mai veramente, faceva piuttosto riposare il corpo. Era sempre presente e vigile, anche mentre riposava. Una notte si alzò dicendo che una famiglia aveva attraversato la laguna e non riusciva a trovare il cammino nell'oscurità. Ci chiese di andare ad aiutarli e di offrire loro una stanza per la notte. In effetti erano proprio là, cercavano il sentiero e guardavano ovunque senza sapere come trovare l'"ashram", che consisteva nella casa e nel terreno di proprietà della famiglia di Amma.

Ma sto divagando. Arrivando in cucina prima dell'alba, la giornata di lavoro cominciava con una rapida pulizia, una breve puja, un momento per raccogliermi e centrare me stessa e l'accensione del fuoco. Calcolavo il quantitativo di riso necessario e separavo i chicchi dalla pula con un largo setaccio, lavandoli attentamente per non sprecare neppure un chicco. Se si fosse perduto anche un solo granello, tale errore avrebbe attirato la malasorte. Quando il riso cominciava a bollire, aggiungevo dell'acqua calda da un contenitore accanto, non fredda perché avrebbe provocato i reumatismi.

Se c'erano dei cocchi dovevamo tritarli con l'apposito attrezzo, una specie di stretto sgabello con una lama di ferro sporgente per raschiare la noce. Mi ricordava i giorni in cui mungevo. Occorrevano robusti avambracci per svuotare rapidamente dieci cocchi.

La colazione veniva preparata per circa venticinque residenti, poi verso metà mattinata ci veniva detto quante persone avrebbero pranzato, in genere una cinquantina. Per la cena servita durante il darshan del Devi Bhava prevedevamo centinaia di coperti; cucinavamo il cibo in pentoloni così grandi da poter sdraiarcisi dentro. Dopo aver servito il pranzo avevamo del tempo a disposizione prima di iniziare la preparazione della cena. Per cucinare la cena del Bhava Darshan spesso davamo fondo alla dispensa. In tal

Una pausa dalla cucina

caso a noi residenti non restava che mangiare mattino e sera kanji (riso bollito) senza curry, sino a quando potevamo permetterci di comprare altre provviste, a volte dopo diversi giorni.

Il pranzo era sempre composto di riso, verdure con curry, un mestolo di *sambar, rasam, poullishetti* o *dhal* di *paddapu.* Nessuno di questi piatti richiedeva come ingrediente il cocco che, nonostante crescesse tutt'intorno a noi, era troppo costoso. La quantità di curry di verdure da distribuire ad ognuno veniva attentamente calcolata. Molte mattine andavo a raccogliere i *cheera* (spinaci selvatici) che crescevano vicino alla proprietà di famiglia di Amma. Occorreva molto tempo per radunarne una quantità sufficiente per servirli a pranzo. Un altro alimento base era il *chembu* o 'piede di elefante', una verdura selvatica poco costosa che quando è cruda irrita la pelle. Prima di tagliarla dovevamo quindi ungerci le mani con olio. Questa radice era molto nota per le sue proprietà nutritive, non certo per il suo gusto. Non ci siamo mai potuti permettere gombi, moringhe o zucche amare, perfino le patate erano un lusso. La mia esperienza nella cucina dell'ashram era completamente diversa da quella nel ristorante del Nuovo Messico. Servire gli altri senza aspettarsi alcuna ricompensa era stimolante! Lavoravamo con tranquillità, recitando silenziosamente il mantra e sforzandoci di rispettare scrupolosamente le indicazioni di Amma.

A volte dei devoti ci portavano sacchi di *cheeni* appena colti, una deliziosa varietà locale di tapioca. Si preparava allora un pasto speciale. Spesso Amma veniva per aiutare a tagliare queste radici, come talvolta ancora accade durante il programma del martedì al tempio di Kali. I nostri alimenti principali erano banane verdi da cuocere, enormi meloni, altri tipi di radici locali, cavoli e carote. Anche una cipolla era di troppo e l'aglio era fuori discussione. Naturalmente usavamo il sale. Per condire e insaporire utilizzavamo pepe nero, semi di cumino, peperoncini rossi con parsimonia, un pizzico di assafetida, pasta di tamarindo fresco, zenzero fresco, foglie fresche di curry, semi di coriandolo, semi di senape e uno o due peperoncini verdi. Ogni due giorni Kocchupapa, l'adorabile fratellino di Amma conosciuto oggi come Sudhir Kumar, faceva capolino dalla porta posteriore della cucina chiedendoci se avevamo bisogno di provviste. In tal caso andava al mercato delle verdure poco distante e comprava ciò che ci mancava.

Erano tempi straordinari: imparavo a preparare dozzine di piatti diversi, a ricavare cento porzioni da cinquanta, ricevendo tutte le istruzioni in una lingua che non capivo affatto.

L'unico apparecchio elettrico che avevamo era la macina. Nei giorni in cui potevamo cucinare del curry a base di cocco mettevamo il cocco fresco tritato nel foro centrale della mola. Dovevamo posizionare e fissare il pestello all'angolo del mortaio, poi accendevamo l'apparecchio e il cocco veniva macinato assieme allo zenzero e altre spezie, a seconda della pietanza. In mezz'ora gli ingredienti venivano ridotti in una pasta granulosa, occorrevano quarantacinque minuti per una pasta più omogenea.

Spesso arrivava il controllo di qualità: Amma! Spuntava senza preavviso e, mentre il mortaio girava, infilava le dita nella pasta per controllarne il sapore. Se avessi aggiunto anche solo un minuscolo scalogno, una piccolissima cipolla rossa, se ne sarebbe accorta. Impensabile aggiungere uno spicchio o due di aglio… Amma era in grado di capire in un attimo cosa stavamo macinando. In ogni caso avevo imparato a recitare costantemente il mantra mentre cucinavo e per Amma questo era l'ingrediente più importante!

I fuochi della cucina si rivelarono una sfida per due motivi. Innanzitutto bisognava reperire sufficiente combustibile: la nervatura delle fronde delle palme da cocco divenne così una delle mie migliori amiche, anche se per bruciare doveva essere completamente secca. Accatastavo qualsiasi cosa trovassi e la mettevo a seccare. La stagione dei monsoni era particolarmente impegnativa.

Non compravamo mai legna perché era troppo cara. Una volta un albero di legno massiccio cadde e un uomo venne a tagliarlo per ricavarne legna da ardere, per me questo fu un dono del cielo. Passavo ogni momento del mio tempo libero a cercare corteccia secca di cocco, rametti, fronde di palma... qualsiasi legno, secco o verde, veniva raccolto e aggiunto alla catasta della legna.

Damayanti Amma era di grande aiuto: controllava sempre che avessimo legna per accendere il fuoco e mi informava quando ne vedeva in giro. Era estremamente attenta che ogni residente pranzasse regolarmente, e ciò significava esser certi che la cucina avesse combustibile a sufficienza. Damayanti Amma si è sempre mostrata gentile con me benché possa immaginare che l'accettarmi in cucina le abbia richiesto un grande sforzo. Da quando avevano compreso la missione di Amma nel mondo, i suoi familiari si erano presi cura dell'ashram nascente con un'abnegazione sorprendente. Erano pronti a soddisfare qualsiasi necessità dei devoti di Amma, anche se questo significava lavorare gomito a gomito con una persona che arrivava dall'altra parte del mondo e che non sapeva assolutamente niente.

La seconda sfida era rappresentata dal calore. Il mio intero organismo sembrava reagire al forte calore del fuoco nel chiuso della piccola cucina. Avevo vesciche ovunque, specialmente sul viso. Come se non bastasse, dovevamo travasare l'acqua del riso (kanji vellum) in un recipiente più piccolo. Ciò significava svuotare il calderone del riso che era sui blocchi di pietra a contatto col fuoco. Immaginate di porre questo pentolone ad angolo retto col contenitore più piccolo e versare circa quaranta litri d'acqua di riso bollente in un recipiente sul pavimento: non potete sbagliare, sarebbe un disastro! Il vapore e il calore del travaso dell'acqua mi provocavano le vesciche. Vedendo il corpo di Amma soffrire per il bene dei suoi devoti non parlavo a nessuno delle mie vesciche e bruciature, ma un giorno accadde qualcosa che mi costrinse a mostrare ad Amma le mie condizioni.

PUNTURE D'INSETTO

All'ashram ho sempre badato a non uccidere nessun essere vivente, nemmeno insetti o ragni. Damayanti Amma mi aveva però mostrato una creatura che avrei dovuto eliminare dalla cucina se l'avessi vista: un millepiedi velenoso (scolopendra). Era un insetto piatto, di colore marrone brillante, lungo dai 7 ai 12 centimetri. Mi disse che era molto pericoloso e che dovevo stare attenta quando andavo vicino all'acquaio e nella legnaia. Aggiunse che questi millepiedi erano aggressivi e veloci, che si arrampicavano rapidi sulle gambe per morderti all'istante e che il loro veleno era assai potente e doloroso. Così abbassai il mio livello di non violenza: se ne avessi trovato uno, sarebbe stata la sua fine. Credo di averne uccisi due o tre in sei mesi. Non mi è mai piaciuto farlo ma giustificavo quest'azione sapendo che era per il mio bene e per quello degli altri, fattore altrettanto importante. Una notte, mentre dormivo nella mia capanna, mi svegliai di colpo con l'impressione di essere stata punta sul braccio, vicino all'ascella. Fu una sensazione momentanea e stavo per riaddormentarmi quando un pizzico ancor più forte mi destò completamente. Indossavo un *choli*, il corpetto che si usa sotto il sari, la mano destra andò sul punto da cui partiva il dolore. A quel punto capii esattamente cosa stava succedendo: sotto la manica del corpetto, stretto tra le mie dita, sentii qualcosa dimenarsi, un millepiedi. Accidenti! In un attimo mi tolsi il corpetto e quell'orribile cosa era proprio lì. Cadde a terra e si diresse rapida verso un angolo della capanna. Le assestai un colpo con un ventaglio che avevo vicino tagliandola in due. Vi assicuro che la vidi correre in due direzioni diverse! Attorno alla puntura si stava già formando un livido, il dolore si estendeva a tutto il braccio e al collo. Mi infilai il corpetto e un mezzo sari per correre in cerca di aiuto. Vicino al kalari c'erano alcuni residenti che, avendo ceduto la loro stanza a dei devoti alla fine del Devi Bhava, stavano riposando. Li svegliai perché non sapevo cosa fare e non volevo disturbare Amma inutilmente. Raccontai l'accaduto e chiesi loro consiglio: ritenevano tutti che il millepiedi non fosse poi così velenoso e che ogni cosa si sarebbe sistemata. Dissero che l'indomani mattina avremmo potuto controllare quanto fosse grave la puntura. Mi diedero del *bhasmam* benedetto da Amma da spalmare sulla zona che alleviò notevolmente il dolore. Si mostrarono gentili e pazienti anche se avevo interrotto il loro sonno.

Avevano ragione, il mattino dopo la situazione era migliorata. C'era solo un livido duro e dolorante nel punto in cui era stato iniettato il veleno. Essendo allergica alle punture dei bombi, conoscevo le forti reazioni prodotte da una puntura d'insetto, ma non era questo il caso. Andai dunque in cucina ad accendere il fuoco. Nel giro di un'ora avevo già dimenticato l'incidente quando mi sentii percorrere da una scarica di adrenalina. Era come se qualcuno avesse acceso un fuoco nelle mie vene. Stordita, mi sedetti a terra. La giovane indiana che aiutava in cucina capì che mi stava accadendo qualcosa di grave. Posò il mestolo e mi prese per mano per condurmi da Amma. Amma mi esaminò e notò due cose: lividi ovunque e tracce di vesciche da scottature. Le riferirono che ero stata morsa da un millepiedi la notte precedente. "Il calore del fuoco ha risvegliato il veleno e intensificato la reazione" disse Amma. Chiamò Damayanti Amma perché mi portasse subito dal dottore. Durante il tragitto pregavo Amma che le mie vie respiratorie non si gonfiassero e si occludessero lungo il cammino.

A quei tempi andare da un medico era piuttosto complicato. Partimmo subito, attraversammo con la barca la laguna, camminammo per un isolato lungo la strada sterrata e girammo a destra, finendo dritte nella risaia delimitata da canali navigabili che s'incrociavano ovunque. Era mezzogiorno, il sole picchiava su di noi mentre attraversavamo l'argine che separava due risaie. Mi sentivo svenire, ma la paura di cadere nella risaia mi teneva vigile. In qualche modo attraversai i campi barcollando e dopo circa venti minuti arrivammo alla casa del dottore.

Il dottore era anziano e aveva uno sguardo intelligente, un viso rotondo e gentile. Ovviamente non conoscevo la parola in mala-yalam per dire 'morso di millepiedi velenoso', ma fu sufficiente disegnare l'insetto sulla sabbia con un legnetto. Riconoscendo il disegno, Damayanti Amma e il medico annuirono gravemente. Il dottore scomparve dentro casa e tornò tenendo in una mano tre palline giallo-marroni delle dimensioni di una biglia e nell'altra un bicchiere d'acqua. Mi disse di ingoiarne una e di bere l'acqua. Così feci. La medicina aveva un gusto fresco e profumato, quasi pungente, con una nota di amaro. Diede le altre due palline a Damayanti Amma e non volle accettare alcun compenso. Mi chiese di riposare un po' sulla sedia del cortile prima di riprendere il cammino di ritorno. Damayanti Amma si rilassò lì vicino: una pausa ristoratrice, al riparo dal calore, prima di rincamminarsi verso casa.

Per me questa vicenda si è conclusa più di vent'anni dopo. Nel 2009, durante una sessione di domande e risposte del mar-tedì, Amma stava ricordando i primi tempi all'ashram. Anche se non le avevo mai parlato delle mie vesciche, disse che la cuoca, sebbene avesse il corpo cosparso di vesciche dovute al calore dei fuochi, non si era mai lamentata. Se pensiamo che Amma non si accorga di qualcosa, che se ne possa dimenticare dopo vent'anni o considerarla insignificante, ci sbagliamo di grosso!

ANCORA FLASH DAL PASSATO

Più di recente, venticinque anni dopo che avevo cucinato per l'ashram, uno dei primi residenti indiani mi fermò mentre passavo di fronte al tempio di Kali. Pappetan Acchan voleva mostrarmi la pubblicazione in malayalam "Divya Upadesham", trovata in un mucchio di riviste gratuite, che conteneva un articolo sulla cuoca dei primi tempi dell'ashram. Si era ricordato che si trattava di me proprio mentre gli passavo accanto! Ovviamente voleva raccontarmi il contenuto dell'articolo.

Era l'anno 1986 e Amma stava conducendo un programma nella vicina città di Alleppy; avendo deciso di tornare all'ashram con tutti i residenti per l'ora di pranzo, mi aveva chiesto di precederla per cucinare. Al mio arrivo, il pasto era già pronto e non sapevo come comportarmi. Amma mi aveva fatta rientrare senza motivo? Decisa a seguire comunque le sue istruzioni, avevo acceso i fuochi. Nell'articolo si raccontava che i presenti avevano cominciato a criticare la mia scelta e molti mi avevano ammonita dicendo che il cibo sarebbe sicuramente avanzato e che avremmo dovuto buttarlo perché non si prevedeva che un piccolo numero di persone. Ciò nonostante intendevo osservare le istruzioni di Amma. Se a pranzo ci fosse stato troppo cibo, l'avremmo servito la sera. Amma non mi avrebbe mandata a cucinare senza una buona ragione.

E infatti anche molti ospiti 'inaspettati' vennero per incontrarla. Grazie alle indicazioni di Amma tutti poterono mangiare! Le sue parole erano apparentemente assurde ma la sua visione profonda è infallibile. Nell'articolo del Divya Upadesha si citava una frase di Amma in cui affermava che un discepolo obbedirà sinceramente alle parole del Guru sapendo che sono veritiere, anche quando gli altri le criticano. Non ho mai sentito Amma pronunciare parole vane o che siano rimaste prive di conseguenze. Quando un Maestro Realizzato parla, è la verità stessa a parlare.

Durante la mia permanenza negli Stati Uniti in attesa del nuovo visto arrivò all'ashram un'altra occidentale. Veniva dall'Olanda e aveva pressappoco la mia età. Andammo subito d'accordo, tutti l'amavano e attorno a lei aleggiava un'atmosfera di allegria. La giovane indiana non poteva continuare il suo seva in cucina e quando venne suggerito ad Amma di sostituirla con la ragazza olandese, Amma si mostrò dubbiosa sul buon funzionamento del servizio: avevamo entrambe poca familiarità con la cucina indiana. Non essendoci però molte alternative ci fu affidato questo seva. Inizialmente tutto procedette senza intoppi, amavamo il nostro lavoro anche se non sapevamo bene come svolgerlo. Ricordo una sera in cui era avanzato molto riso dal pranzo. Pensammo di fare delle frittelle di riso, simili a delle crespelle di patate. Ci sembrava fosse una buona idea, ma per quanto ci sforzassimo non riuscivamo a evitare che le frittelle si rompessero e finissero sulla piastra. E anche se avesse funzionato, cosa avrebbero pensato i residenti di una cena a base di frittelle di riso? Fortunatamente riuscimmo in qualche modo a cambiare il menù della cena e a finire di cucinare prima che i bhajan terminassero, così nessuno rimase senza cibo.

COSTRUZIONE DEL TEMPIO DI KALI

Una mattina, prima della lezione sulle Upanishad, alcuni di noi si radunarono di fronte alla sala di meditazione. Ci era stato annunciato che nel cortile all'entrata dell'ashram stava per essere costruita una nuova sala di preghiera e che per questo occorreva abbattere gli alberi di cocco. Qualcuno si commosse pensando alla sorte di queste piante, ma Amma non cambiò idea: gli alberi venivano sacrificati per un fine più alto. Fino ad allora poche persone avevano potuto approfittare di questo luogo per meditare, ma in poco tempo esso avrebbe permesso a molti di raggiungere l'illuminazione e diffondere la pace nel mondo. Il nostro attaccamento agli alberi era comprensibile, ma dovevamo renderci conto che per il bene del mondo sono necessari profondi sacrifici.

Appena il cortile fu ripulito, un astrologo scelse accuratamente il giorno più propizio per l'inizio dei lavori. Amma condusse una potente cerimonia in cui veniva consacrata la prima pietra. Gli scavi per le fondamenta cominciarono subito e il materiale edile giunse di lì a breve: acciaio per i piloni di cemento, rocce di granito da frantumare e mescolare al calcestruzzo, montagne di sacchi di cemento accatastati lungo i bordi che delimitavano il perimetro dell'edificio. Le dimensioni e l'urgenza del progetto ci lasciavano abbastanza sconcertati perché eravamo solo in venti a vivere all'ashram. Amma però insisteva dicendo che non avevamo idea di quanti figli sarebbero arrivati e che bisognava preparare loro un posto in cui stare.

Così trasportammo la sabbia. Tonnellate e tonnellate di sabbia, notte dopo notte, dentro pentoloni da cucina che ci caricavamo sulla testa percorrendo lo stretto pontile che congiungeva la laguna alla costa. La sabbia veniva compattata per riempire le gettate di calcestruzzo delle fondamenta del futuro tempio di Kali. Era un lavoro duro e meraviglioso, recitavamo dei mantra per farci forza. In piena notte, prima che rientrassimo per riposare qualche ora, Amma preparava delle bevande calde e distribuiva a tutti qualsiasi tipo di spuntino disponibile nella dispensa.

A volte il lavoro con il calcestruzzo proseguiva anche nei giorni del Bhava Darshan. Si potevano vedere allora molti devoti con i loro abiti migliori unirsi entusiasti alla fila delle persone che si passavano i *chutti* (pentole simili agli wok di acciaio cinesi) pieni di cemento dalla betoniera fino a dove si fabbricavano i pilastri di cemento. Formando una catena, ognuno passava la pentola con il cemento a chi gli stava accanto. A volte occorreva far arrivare i chutti al secondo o al terzo piano. Le persone più giovani stavano su delle alte piattaforme per riceverli, tutti erano molto attenti a non versare il cemento su chi stava sotto. In quei giorni in cui lavoravamo con il calcestruzzo, nell'ashram si respirava un'atmosfera colma di buon umore e spirito di squadra e a pranzo venivano moltissime persone affamate! Così il tempio di Kali sorse proprio dove Amma aveva danzato in Kali Bhava. A quel tempo si poteva vedere Amma passare i contenitori con il cemento a devoti che, anni dopo, avrebbero assistito al Devi Bhava nel tempio costruito da Kali stessa! Ancora una volta, grazie alla sua presenza attiva, Amma rese il compito divertente e non troppo faticoso. Accanto a lei era facile lavorare insieme per realizzare un progetto grandioso. Sebbene i lavori siano stati temporaneamente sospesi nel 1987 - anno in cui Amma inviò risorse e volontari in aiuto di un orfanotrofio locale con 500 piccoli ospiti che aveva fatto bancarotta - il tempio di Kali fu ultimato sorprendentemente in tempo per le celebrazioni del trentaquattresimo compleanno di Amma. Era l'ottobre del 1987, solo un anno era trascorso dalla posa della prima pietra.

I PROGRAMMI FUORI DALL'ASHRAM

Proprio in quei giorni le cittadine e i villaggi limitrofi cominciarono a invitare Amma a tenere programmi anche fuori dall'ashram. Kollam, Alleppy, Mavelikara, Harippad, Tiruvella, Kottayam e Pandalam sono le località che ricordo. Un minibus marrone scuro venne donato all'ashram; su una delle fiancate fu scritto a caratteri bianchi "Mata Amritanandamayi Mission". Aveva sei sedili per lato e in ognuno potevano sedere comodamente due persone o, stringendosi un po', anche tre. Il minibus poteva accomodare l'intero ashram, Amma si sedeva nella fila di destra, al penultimo posto. Pensando di lasciare un po' più di spazio ad Amma, che si era donata così tanto quella notte, mi accovacciai tra le file dei sedili scoprendo di stare sorprendentemente comoda. È accaduto molte volte che diventassi il cuscino per i piedi di Amma! Ero così impregnata dell'atmosfera di devozione che regnava in quel minibus che potevano passare una o due ore senza che mi accorgessi dello scorrere del tempo.

Per garantirci un po' di privacy mentre attraversavamo i centri abitati, accostavamo le spesse tendine colorate e chiudevamo i finestrini. In tal modo però la temperatura all'interno del mezzo saliva notevolmente. Amma rideva dicendo che nei tempi antichi i *rishi* (saggi veggenti, N.d.T.) si recavano nelle grotte per praticare austerità, mentre oggigiorno era sufficiente un minibus. Uno dei principali requisiti della vita spirituale è quello di superare attrazione e avversione, caldo e freddo, piacere e dolore. Se vogliamo raggiungere la liberazione non dobbiamo lasciare che questi fattori ci turbino, la nostra mente deve rimanere ferma.

Amma vide che molti di noi osservavano il paesaggio e ci disse che se il nostro sguardo è rivolto all'esterno non potrem guardare dentro di noi. Le impressioni sottili si imprimono nella mente anche se non ne siamo consapevoli. Più tardi, esse genereranno *vasana* (tendenze) perturbatrici che dovremo superare. Quando compiamo un pellegrinaggio dovremmo sforzarci di calmare, non stimolare i pensieri.

A seconda della distanza che dovevamo percorrere, partivamo dall'ashram intorno a mezzogiorno. Arrivando nella casa che ci ospitava per rinfrescarci, ci venivano offerti uno spuntino e una tazza di tè. Questo era l'unico momento in cui potevamo bere del tè, ma poiché è sconsigliato per le corde vocali bere del tè prima di cantare, solitamente rifiutavamo.

Non esistevano libri di canti, così ricopiavo su un diario i bhajan che Amma avrebbe cantato. Spesso uno dei residenti, soprattutto Puja Unni - adesso Swami Turiyamritananda – si sentiva ispirato a comporre un nuovo canto. Ognuno di questi bhajan aveva un profondo significato e una melodia particolare. I canti erano un'offerta di amore e di devozione. Gli insegnamenti

spirituali essenziali di Amma potevano essere facilmente compresi ascoltando i suoi canti devozionali: rivolgere, ad esempio, la mente, le parole e le azioni interamente al ricordo e al servizio di Dio (*Manasa Vacha*); non essere ipocriti recandosi in preghiera in un tempio e poi all'uscita prendere a calci il mendicante che sta all'ingresso (*Shakti Rupe*); ricordare che in questo mondo nessuno ci appartiene (*Manase Nin Svantamayi, Bandham Illa*); essere focalizzati sulla meta (*Adiyil Paramesvariye*); versare lacrime innocenti come quelle di un bambino di fronte alla Madre Divina implorando di raggiungere lo scopo (*Ammayil Manasam*); fondersi con la divinità amata attraverso la meditazione e le austerità (*Karuna Nin Katale*); immergersi nella visione interiore dell'Amato (*Kannilenkilum*) e sperimentare una pace pura e perfetta in questo mondo di sofferenza (*Ammayennulloru*). Il sentiero dell'amore e della devozione era esaltato in ogni bhajan di Amma che cantavamo sia nel Kalari che nei programmi esterni.

Amma mi mostrò come tenere il *talam* (il tempo o il ritmo della canzone) battendo lievemente un dito sul ginocchio. Era importante non muoversi per non disturbare la concentrazione. Attraverso la musica devozionale la mente veniva condotta a un punto di perfetta immobilità. Tentavo di prolungare i momenti di beatitudine come Amma mi aveva precedentemente consigliato.

Al termine dei bhajan Amma dava il darshan fino a tarda notte. Più volte risalimmo sul minibus alle due o alle tre del mattino, arrivando all'ashram all'alba. Facevo una doccia e mi dirigevo verso la cucina, ripensando alla musica celestiale e alla presenza amorevole di Amma nella notte appena trascorsa.

In questo modo le settimane e i mesi divennero un anno. La mia pratica era un insieme equilibrato di servizio, meditazione, studio delle scritture e hatha yoga. Ognuno di noi seguiva le istruzioni specifiche di Amma che erano in accordo col proprio temperamento: più devozionale o intellettuale, più *tamasico* (apatico), *rajasico* (attivo) o *sattvico* (puro), più sereno o più severo. Amma rispecchiava esattamente ciò che sentivamo nel cuore. Chi era pieno d'amore nuotava nell'amore e nell'ispirazione, quelli che mancavano di delicatezza e sensibilità venivano più volte messi alla prova. Erano molto diversi i modi in cui Amma istruiva le persone che arrivavano da lei per ricevere gli insegnamenti spirituali.

Poiché non eravamo in molti, era facile vedere chi veniva al tempio per l'archana e chi no, chi si sedeva per meditare e chi non trovava il tempo per farlo. Una giovane donna che in seguito lasciò l'ashram veniva di rado, dicendo che il suo seva glielo impediva. Pochi anni dopo anch'io lasciai che il mio seva diventasse un ostacolo alla mia pratica quotidiana con effetti disastrosi. In questo libro menziono questa donna diverse volte perché ha influenzato il mio percorso individuale ma per rispetto della sua privacy non riporto il suo nome.

Avevo una forte tendenza (vasana) a giudicare gli altri, così provai a coltivare l'atteggiamento dello spettatore e a lavorare sulla mia crescita personale. Non immaginavamo che Amma stesse di proposito tenendo il mondo a distanza per offrirci la possibilità di crescere e fortificarci spiritualmente prima che arrivasse, impetuosa, l'alta marea.

CAPITOLO 5

I miei figli stanno piangendo

Nell'aprile del 1986, quando Amma accettò di visitare gli Stati Uniti, eravamo circa venti rinuncianti a vivere sul terreno degli Idammanel, la famiglia di Amma. L'invito giunse dal fratello di Swami Paramatmananda, Earl Rosner, e da sua moglie Judy. Un giorno, questo momento sarà ricordato come un punto di svolta per l'umanità. Io mi trovavo nel bel mezzo dei preparativi per il pranzo e non avevo idea di cosa fosse accaduto nella capanna in cui Amma si era incontrata con alcuni residenti. Nealu si affacciò alla porta della cucina attirando la mia attenzione e mi disse: "Amma ha appena accettato l'invito di mio fratello in America, mi ha mandato qui per sapere cosa occorre per il viaggio". Ricordo di aver posato il mestolo e di aver fissato lo sguardo sul fuoco mentre pensavo. Poi elencai di getto alcune cose: passaporto, visto, calzini caldi, un posto in cui Amma potesse cantare i bhajan e dei manifesti, c'era bisogno di tanti manifesti perché in America nessuno la conosceva.

Appena Nealu uscì per andare a informare Amma, pensai: "Ma cosa ne so io di queste cose?" e ripresi a cucinare.

Erano passate appena due ore quando qualcuno bussò alla mia capanna. Era Swami Paramatmananda, teneva in mano una macchina da scrivere arrugginita: "Credo che ne avrai bisogno", mi disse posandola, "Amma dice che dovresti occuparti dei preparativi per il viaggio".

Il mondo stava per incontrare Amma! Quel pomeriggio Amma mi disse: "I miei figli sono ovunque, stanno piangendo per Amma ma non riescono a trovarmi. Amma deve andare da loro". Sapevo quanto le sue parole fossero vere perché io stessa avevo pianto per quasi due anni prima di sentir parlare di lei. Era stata questa irrequietezza, questo senso di vuoto e sofferenza interiore a spingermi ad andare avanti, a cercarla. E certamente non ero l'unica a piangere nel deserto. Ma quanti hanno la possibilità di lasciare la casa e la propria vita, percorrere questo cammino che porta alla banchina di Vallikkavu e attraversare la laguna per incontrare Amma?

UN GIORNO CON LA MADRE

Il mio cervello si era messo in moto e le idee cominciarono a prendere forma. Mi pareva ovvio viaggiare nelle città in cui avevo degli amici o dei parenti. Avrei raccontato a quante più persone possibili la storia del mio incontro con Amma e quello che accadeva all'ashram, di come Amma avesse curato il lebbroso Dattan e del meraviglioso modo in cui ci guidava sul sentiero spirituale. Amma aveva già avviato una scuola e un ambulatorio gratuito dove un medico e un'infermiera provvedevano alle cure di base e alle medicine per i poveri dell'isola. Sedetti con Swami Paramatmananda per condividere con lui le mie riflessioni e chiedere il suo parere. Decidemmo di realizzare un breve documentario sulla vita con Amma e lo chiamammo "Un giorno con la Madre". Amma diede la sua benedizione per il video e Swami Paramatmananda lavorò giorno e notte per completarlo in tempo per la mia partenza. Ne realizzammo anche uno più breve intitolato "Amrita Sagara: oceano di beatitudine", basato sugli insegnamenti di Amma. Saumya, adesso Swamini Krishnamrita Prana, compose la colonna sonora. Ritenevamo che questi film fossero la via migliore per presentare Amma a più persone possibili.

La madre di Swami Paramatmananda viveva a Chicago, la mia famiglia a Pittsburgh e a Boston. Il suo primo insegnante di yoga abitava a Madison, suo fratello e i miei compagni di liceo nella Bay Area (vicino a San Francisco, N.d.T.). Erano tutti posti facili da raggiungere anche se non avevo idea di come fare a spostarmi senza soldi. Cominciammo entrambi a scrivere lettere e un giorno arrivò all'ashram un aerogramma inviato da un certo George Brunswig di San Francisco. Aveva sentito parlare di un libretto intitolato "La Madre della Dolce Beatitudine" che descriveva la vita di una santa indiana chiamata Amma. Ci chiedeva di inviarglielo dicendo che avrebbe rimborsato anche il costo del libro e le spese di spedizione: era il nostro primo contatto all'esterno! Gli risposi il giorno stesso spiegandogli che mi sarei recata nella Bay Area con alcune copie di quel libretto e che lo avrei chiamato all'inizio dell'estate.

UN VIAGGIO DI ANDATA E RITORNO SI TRASFORMA NEL GIRO DEL MONDO

La cosa più incredibile avvenne all'agenzia di viaggi di Kochi. Spiegai che avevo bisogno di un biglietto di andata e ritorno per San Francisco con il rientro dopo due mesi e mentre l'impiegato controllava le tariffe cominciammo a parlare. Raccontai un po' cosa stavo facendo, non pensando di suscitare un grande interesse. Mi guardò con un'espressione buffa e mi fece una proposta grandiosa: con pochi soldi in più avrei potuto scegliere due compagnie aeree e visitare dieci città. Un biglietto per il giro del mondo in dieci tappe con soli mille dollari?! Caddi quasi dalla sedia, era proprio quello di cui avevo bisogno! Il pensiero successivo fu che avrei potuto facilmente includere l'Europa. Sembrava un inizio promettente e in un attimo la mia mente aveva trasformato il viaggio di Amma negli Stati Uniti in un tour mondiale. Dissi all'agente di viaggio che l'avrei ricontattato nei giorni seguenti. Tornata all'ashram non riuscii a trattenermi dal dare la grande notizia ad Amma.

Amma non batté ciglio. Quando glielo dissi stava facendo giardinaggio, alzò appena gli occhi e disse: "Ok figlia, qualunque cosa tu pensi andrà bene. Uno dei figli di Amma è in Francia, puoi scrivergli e vedere cosa ne pensa", e tornò al giardinaggio. Amma è la persona più distaccata che io abbia mai incontrato. Avrei suscitato una reazione più animata se le avessi annunciato che avevo trovato un modo geniale per utilizzare il riso avanzato.

DONI CHE DONANO

Prima della mia partenza andai a chiedere la benedizione di Amma. Mi diede due doni di commiato: il primo era una semplice lampada a olio di ottone di media grandezza che avrei dovuto accendere su un tavolino prima della proiezione di ogni video. Con un grande sorriso Amma indicò la cima della lampada e disse: "Terzo occhio", applicando il *kumkum* (polvere rossa sacra alla Madre Divina); poi indicò la base e disse: "Piedi", indicando due punti sul bordo e segnando anch'essi. Avrei potuto immaginare che la Madre Divina fosse lì, seduta accanto a me, a tenermi compagnia.

Il secondo regalo fu un anello. Amma prese una scatolina da gioielleria e la mise accanto a sé mentre parlavamo. Aprendola, estrasse un anello d'argento con raffigurato il suo ritratto smaltato su uno sfondo blu cielo. Volle che lo mettessi. Ero così commossa che mi scesero le lacrime. Lo provai subito: calzava perfettamente sul mio indice sinistro. Quell'anello fu il conforto durante molti, molti chilometri percorsi prima che più tardi, in estate, Amma ed io ci riunissimo. Quindi Amma mi disse: "Figlia, non chiedere mai niente e tutto arriverà". Anni dopo, leggendo per la prima volta il Ramayana, capii perché Rama dà ad Hanuman l'anello: per permettere a Sita Devi, la sua amata sposa, di verificarne l'identità. Sebbene non fossi Hanuman, il sankalpa (intenzione divina) di Amma sarebbe stato percepito dai suoi figli in terra straniera grazie all'anello che avevo al dito. Con fede assoluta nelle parole di Amma m'incamminai in giro per il mondo diretta a oriente.

LUNGO LA STRADA

Quando partii nel giugno del 1986, non immaginavo che quello sarebbe stato il primo di tre viaggi che mi avrebbero condotta attraverso gli Stati Uniti e l'Europa. Amma avrebbe cominciato il tour mondiale solo un anno dopo. Prima di questo, le migliaia di chilometri si sarebbero trasformate in decine di migliaia di chilometri di sforzi per portare Amma in occidente, dai figli che stavano piangendo. Non avevo nessun piano da seguire né dei devoti da contattare, nessun libro del tipo "Come pianificare un tour mondiale per principianti". I miei familiari mi avevano semplicemente regalato un biglietto aereo perché andassi a trovarli. Erano lontani dal sapere quale turbine sarebbe stata la mia visita e che in meno di un anno una santa indiana chiamata Amma sarebbe stata ospite a casa loro!

Dopo essere atterrata a San Francisco con uno zaino contenente un cambio d'abito, la lampada di ottone, alcune copie del libretto "La Madre della dolce beatitudine" e i due documentari, iniziai a viaggiare per il paese e per il mondo mostrando i video a quante più persone possibili nelle città in cui avevo parenti o amici. In quei luoghi potevo sempre contare su cibo e protezione, tenerezza e un cuore generoso. Ogni volta che le idee sembravano finire o quando sembrava che stessi perdendo l'orientamento, la grazia di Amma mi conduceva nella direzione giusta. Dato che non c'era modo di telefonarle, dovevo per forza sentire nel mio cuore la sua volontà. Queste meditazioni mi conducevano in ogni immaginabile direzione.

PROIEZIONE DEL PRIMO VIDEO

Il primo documentario, "Un giorno con la Madre", fu proiettato a San Francisco; la serata era stata organizzata da George Brunswig, l'uomo che aveva inviato l'aerogramma richiedendo il libretto "La Madre di dolce beatitudine". Parteciparono circa venticinque

persone; durante la sessione di domande e riposte risultò chiaro che molte di loro avevano stabilito una connessione con Amma durante la proiezione. Mentre il gruppo si dirigeva verso il salone per un rinfresco, mi si avvicinarono due donne presentandosi come Tina e Nancy. Mi dissero che erano pronte a fare tutto il possibile per aiutarmi. Sentii che Amma aveva prontamente inviato due angeli, così fissammo un appuntamento e mi spiegarono come raggiungerle a Berkeley.

COME POSSIAMO AIUTARE?

Pochi giorni dopo, mentre mi dirigevo all'appuntamento con Tina e Nancy, mi chiedevo come sarebbe andata. Qual era il passo successivo? Non chiedere niente e tutto arriverà, questo era l'ordine di Amma. Di sicuro rendeva le cose semplici! Venne fuori che Tina aveva un bambino di sei anni che si chiamava Theo e che Nancy era una ricercatrice presso l'Università della California (UC) a Berkeley. Volevano ascoltare racconti su Amma e continuavano a fare domande, così parlammo per più di due ore. Quando stavo per andarmene espressero nuovamente il desiderio di aiutare in qualunque modo. Poiché pochissime persone conoscevano Amma negli Stati Uniti sentii che sarebbe stato utile lavorare con loro. Non avevo chiesto niente, si erano offerte loro! Rientrava nelle regole!

Cominciarono a organizzare altre proiezioni e questo aumentò i miei contatti. Qualcuno partiva per il Monte Shasta, qualcun altro conosceva una famiglia a Miranda. Così facendo, allentai la presa e lasciai fluire gli eventi. A parte rari casi, in ogni città e villaggio degli Stati Uniti in cui mi fermavo, e indipendentemente dal numero di persone presenti alla proiezione, si svolgeva la stessa scena: una o due, o a volte anche tre persone si avvicinavano per esprimere il proprio interesse. Tutto ciò che dovevo fare era seguirle nelle loro città e coinvolgerle nei preparativi. A modo suo, ognuno s'impegnò sinceramente per la realizzazione del primo tour mondiale, molto prima di incontrare Amma, semplicemente dopo aver visto il video "Un giorno con la Madre". Ogni singolo dettaglio si presentava al momento giusto, era sicuramente un segno della pura grazia di Amma.

COSA C'È IN UN NOME?

George Brunswig si offrì di aiutarmi a realizzare un opuscolo sulla vita di Amma. Lavorammo per ore su come impostarlo. Avevo già scritto una sintesi della biografia di Amma e dei suoi insegnamenti da inserire nelle pagine interne, mentre nell'ultima pagina avremmo annunciato il tour. Avevo la sensazione che, mettendolo per iscritto, il tour si sarebbe concretizzato più facilmente. La didascalia sotto una delle mie foto preferite di Amma diceva:

"Date e luoghi degli incontri con Amma" ed era seguita dalla lista delle città interessate: San Francisco, Seattle, Monte Shasta, Big Sur, Santa Cruz, il Sud-Est, Chicago, Madison, Pittsburgh, Boston e New York.

Quello stesso giorno pensammo di creare una casella postale per avere un indirizzo ma per fare questo era necessario trovare un nome. Il nome sembrava importante, a mio parere rendeva tutto più reale, così George ed io ci pensammo a lungo. A quel tempo l'ashram di Amma in India si chiamava 'Mata Amritanandamayi Mission o MA Mission'. George non riteneva che questo nome potesse funzionare in America perché il termine 'mission' aveva una forte connotazione cristiana. Proposi 'Mata Amritanandamayi Centre', o 'MA Centre', mi piaceva lo spelling inglese di questa parola, ma non a George. Disse che era sempre meglio attenersi all'ortografia del paese in cui ci si trovava, quindi sarebbe stato meglio 'M.A. Center'. Dovetti concordare con la sua logica e così, nel giro di dieci minuti, nacque il 'M.A. Center'. È stato solo per grazia di Amma se un semplice momento in cui abbiamo scritto "M.A. Center" è potuto durare così a lungo diventando la culla di così tanto servizio altruistico.

PUNTI CARDINALI

Nord, sud, est, ovest, in autobus, in macchina, in aereo, in treno. Dormendo da amici e parenti, in appartamenti, in tipi (tende indiane), a volte nelle yurte, la mia intenzione era di mostrare quante più volte possibili nell'arco di due mesi il documentario "Un giorno con la Madre". Che si trattasse di una persona o di venticinque, seguivo sempre la stessa procedura: accendevo la lampada, parlavo della vita di Amma e avviavo il video; raccontavo il tempo trascorso con Amma e rispondevo a ogni domanda fino a quando tutti i presenti erano soddisfatti. Spiegavo che Amma sarebbe arrivata l'estate successiva e che se desideravano essere informati sul programma del tour potevano lasciare il loro contatto sul mio taccuino. Quei nomi divennero il nucleo delle persone che avrebbero ospitato Amma in America. A volte qualcuno portava del cibo da condividere e rimanevamo svegli fino a tardi a parlare della vita spirituale con Amma. Era facile capire chi aveva stabilito una connessione con lei durante la serata. Da questa rete di persone nacquero altre connessioni, altre proiezioni del video, ulteriori contatti tra Amma e i suoi figli, tutto questo diretto dalla grazia infallibile di Amma.

A metà agosto, dopo aver viaggiato per più di due mesi senza mai fermarmi, tornai con gratitudine a fianco di Amma. Ero stata a Singapore, San Francisco, Oakland, Berkeley, Carmel, Santa Cruz, Monte Shasta, Miranda, Seattle, Olympia, Taos, Santa Fe, Albuquerque, Boulder, Madison, Chicago, Pittsburgh, Baltimore, Washington, New York, Boston, Londra, Zurigo, Schweibenalpe e Graz.

RITORNO A CASA

Quel giorno d'agosto del 1986 in cui tornai all'ashram, Amma era seduta sul cortile di fronte al Kalari. Alcuni residenti si erano uniti a lei ed erano curiosi di sapere come avessi trascorso quel periodo. Cos'era successo? Quando sarebbe partita Amma per l'America? Che posti avrebbe visitato? Quante persone avevano sentito parlare di lei? Ricordo la valanga di domande entusiaste e schiaccianti, e il mio tentativo di rispondere in maniera chiara. Poi guardai Amma. Completamente calma, sembrava assorbire ogni cosa. Alzò lo sguardo e i suoi occhi, profondi e senza tempo, si fissarono nei miei, c'era quiete nell'aria.

"*Sheriyayo, mole?*", fu tutto ciò che Amma mi chiese (Va tutto bene, figlia?). Impossibile descrivere l'impatto che mi provocò quella domanda semplice e diretta: era come se l'aria stessa avesse trattenuto il respiro aspettando la mia risposta. Il tempo sembrava essersi momentaneamente arrestato mentre Amma sondava la capacità del mio cuore di trasmettere il suo messaggio ai figli lontani, portandoli a lei; tutto questo rimanendo lontana fisicamente da Amma per raggiungere lo scopo. Intuivo che stava misurando la mia risolutezza. Con calma e ponderazione risposi: "Sheriyayi, Amme" (Va tutto bene, Amma).

E in quel momento sentii un'ondata di energia riempirmi il petto, come se un ponte di amore divino stesse collegando il suo cuore al mio. Amma mi sorrise compassionevolmente e mi tenne tra le braccia a lungo. Volle che andassi a riposarmi dal viaggio e mentre mi alzavo per andarmene, sentii chiaramente un legame profondo suggellarsi tra noi, un legame che mi avrebbe dato "tutto ciò di cui avevo bisogno senza chiederlo". In quel momento, in cuor mio, sapevo che il tour era cominciato, che Amma avrebbe presto incontrato i suoi figli di tutto il mondo e al tempo stesso sentii che molti sforzi e sacrifici sarebbero stati necessari. Ricordo di essere stata invasa da un'immensa sensazione di gioia.

Non c'era un minuto da perdere. Il giorno dopo proposi di inviare una newsletter alle persone che mi avevano lasciato i loro recapiti. "Cosa? Una newsletter? Ma Amma non ha ancora visitato gli Stati Uniti!" fu la risposta generale. Non soddisfatta, andai da Amma per chiederle il suo parere. Acconsentì entusiasta chiedendomi di portare un registratore vocale e un elenco delle domande che erano state fatte durante il mio viaggio. Avrebbe risposto a quelle nel primo numero della newsletter. Non solo, avrebbe personalmente scritto a tutti coloro che avevano lasciato il proprio contatto. Proposi di chiamare la newsletter "Amritanandam", Beatitudine Immortale, richiamandomi al nome proprio di Amma.

ACQUISTO DEI BIGLIETTI AEREI

Il biglietto aereo col quale avevo viaggiato durante l'estate era un biglietto da sogno, perfetto per l'organizzazione iniziale del tour e avevo l'intenzione di comprare lo stesso biglietto per Amma e il gruppo. C'era solo un problema: non avevamo soldi. Questa idea occupava costantemente la mia mente mentre trascorrevano settimane e mesi.

Già prima di andare da Amma ero una persona molto parsimoniosa, non possedevo una carta di credito intestata a me e non avevo mai avuto un'auto, cosa abbastanza insolita per una ragazza americana. L'unico gesto impulsivo fatto in tutta la mia vita era stato quello di partire per l'India per incontrare Amma. Adesso che vivevo all'ashram l'unica risorsa a cui potevo ricorrere in caso di emergenza era una carta American Express consegnatami dai miei genitori a patto che la utilizzassi solo se assolutamente necessario.

Tutto ciò di cui avevamo bisogno sarebbe arrivato, Amma era stata chiara a riguardo, e la tariffa per il biglietto aereo non avrebbe fatto eccezione, ne ero assolutamente certa, era solo questione di tempo. Ma questa necessità concreta era pressante perché per richiedere il visto per gli Stati Uniti, che ci avrebbe in seguito permesso di ottenere quello per la Francia, occorrevano i biglietti aerei. Soltanto allora avremmo potuto procedere con un programma dettagliato, solo allora il sogno di portare Amma dai suoi figli avrebbe fatto un altro passo decisivo e sarebbe diventato realtà.

Il ricordo delle parole di Amma: "I miei figli stanno piangendo incapaci di trovarmi" mi spinse ad agire. Io stessa avevo pianto per due anni prima di incontrarla e sapevo cosa significava. Più di ogni altra cosa, volevo che lei e i suoi figli potessero riunirsi, com'era successo a me. Il desiderio di Amma di incontrare i suoi figli era divenuto il mio, desideravo vederla assieme a loro. Decisi che dovevo correre dei rischi, bisognava andare avanti.

Affrontai l'argomento con Swami Paramatmananda. Sapevo che aveva con sua madre gli stessi accordi che io avevo con la mia, la carta di credito da usare in caso di emergenza! La mia proposta era di andare all'agenzia di viaggi a Kochi e dividere a metà il costo dei biglietti: io ne avrei comprati cinque e lui altrettanti. Lo rassicurai che i soldi sarebbero arrivati, in questo avevo piena fiducia. Se così non fosse stato, giurai solennemente che alla fine del tour avrei trovato un lavoro come cuoca per rimborsarlo. Accettò senza esitare, la soluzione gli pareva buona. In meno di un'ora partimmo per Kochi senza dire niente a nessuno.

Le due linee aeree erano la Air Singapore e la Delta, le dieci città: Singapore, San Francisco, Albuquerque, Chicago, Washington DC, Boston, New York, Parigi, Zurigo e Vienna. Non appena udii il suono delle carte di credito che venivano strisciate per dieci volte nell'antiquata macchina, seppi nel profondo che il tour era cominciato.

IL CONSOLATO AMERICANO DI CHENNAI

Il compito che assorbì la mia attenzione per quasi tre mesi fu quello di richiedere tutti i passaporti, procurarmi i visti americani e francesi e comprare i biglietti aerei per Amma e le altre nove persone che l'avrebbero accompagnata nel tour. Ottenere i passaporti fu facile, ma per i visti era un'altra storia. A quel tempo, anche per una breve visita era necessario avere uno sponsor americano. Era già arduo ottenere un visto, figuriamoci sette! Di fatto, benché nessuna delle famiglie a cui mi rivolsi avesse mai incontrato Amma, erano tutte pronte a sponsorizzare il gruppo.

Una sensazione di inquietudine mi opprimeva mentre aspettavo alla stazione di Kayamkulam l'autobus che in diciassette ore mi avrebbe portata al consolato degli Stati Uniti di Chennai. Non avevo un appuntamento né un piano concreto per come ottenere i visti, nessun intermediario che potesse perorare la nostra causa. Le poche ricerche che avevo potuto fare avevano mostrato soltanto che raramente si otteneva quello di cui avevamo bisogno senza un'attesa di molti mesi. Se la nostra richiesta fosse stata rifiutata, avremmo dovuto aspettare un anno prima di ripresentare la domanda. Sapevo che il fattore determinante sarebbe stato, come sempre, la potente grazia di Amma. Uno degli innumerevoli miracoli di Amma era risolvere tutte queste faccende senza il minimo intoppo. Tuttavia gli sforzi dovevano essere fatti. Con i dieci biglietti aerei, le lettere dei sette sponsor e i passaporti custoditi accuratamente nello zaino, salii sull'autobus, pregando quasi tutto il tempo di non tornare a mani vuote e sgranocchiando croccanti di arachidi. Se non ci avessero rilasciato i visti, i nostri progetti riguardo al tour, o per lo meno il calendario che avevo attentamente ideato, sarebbero andati in fumo.

Entrando nel consolato mi trovai tra dozzine e dozzine di persone che aspettavano nella sala d'attesa, alcune camminavano avanti e indietro, tutte tenevano in mano un grande biglietto con un numero: aspettavano la chiamata per poi recarsi nello spazio delimitato da vetri dove sedevano gli impiegati. Osservando la folla, rumorosa e nervosa, sentii nuovamente l'aria fermarsi, com'era accaduto qualche mese prima nel cortile del Kalari con Amma.

Decisi di ignorare la chiamata numerica e andai dritta allo sportello, cercando di attirare l'attenzione dell'impiegato. Con un tono calmo mi piegai in avanti e spiegai quello di cui avevo bisogno... sette visti per visitare l'America quella stessa estate. No, nessuno dei richiedenti era sposato e neppure fidanzato. Nessuno era un imprenditore, ma di sicuro sarebbero tutti ritornati in India ad agosto. Sì, sapevo che avevano bisogno di uno sponsor e annuendo mostrai l'elenco degli inviti. Sorrisi incerta mentre ripetevo dentro di me le parole di Amma: "Non chiedere niente e tutto arriverà ... non chiedere niente e arriverà ...". L'impiegato aprì lo sportello e mi accompagnò in uno degli uffici per un colloquio.

Sentii la mia voce spiegare quello che ci serviva e guardai in attonito silenzio la mano che timbrava il visto su ogni passaporto. C'era voluta meno di un'ora per ottenere tutti i visti e, sul ciglio della strada, versai lacrime di gratitudine. Quello stesso pomeriggio presi il primo di una serie di autobus che mi avrebbero riportata a casa. Dovetti fare un altro viaggio a Pondicherry per procurarmi i visti francesi, e anche lì tutto filò liscio.

PRONTI, PARTENZA... VIA!

È difficile immaginare quei giorni in cui non esistevano computer, cellulari e Internet, eppure tutti i preparativi per il primo tour si svolsero senza nessuna di queste tecnologie. La piccola macchina da scrivere che mi era stata data mi serviva per contattare le persone, scrivere la newsletter "Amritanandam" e tenermi in contatto con il piccolo e sparpagliato gruppo che, dopo aver visto il video di Amma l'estate precedente, era entusiasta di dare una mano.

Il programma del tour europeo era stato affidato a un devoto che viveva in Francia, Jacques Albohair. Mentre io mi occupavo del tour americano, lui si sarebbe occupato di quello europeo, utilizzando i suoi contatti e quelli che gli avevo fornito io.

A gennaio seppi che era tempo di tornare in America. Adesso che avevamo i biglietti e i visti bisognava occuparsi della parte pratica del tour: dove avrebbero alloggiato Amma e il gruppo? Quali erano esattamente le città e i paesi che avrebbe visitato Amma? Quali sale erano adatte per i bhajan serali e per il darshan? E che fare per i manifesti che dovevano essere appesi ovunque? Chi si sarebbe occupato di tutte queste cose? Decisi di attraversare ancora una volta il paese, anche se era pieno inverno. Più proiezioni significavano più contatti, più aiuti, e sempre più figli di Amma che avrebbero saputo della sua prossima visita. Mi sembrava che questo fosse l'unico modo possibile di procedere. Sarei partita da San Francisco per proseguire senza sosta fino a Boston. Chiesi la benedizione di Amma e prenotai il biglietto per il 3 febbraio.

OTTENERE IL VISTO INDIANO DI RIENTRO (NOR)

Un piccolo dettaglio che avevo tralasciato era il mio visto. Per rientrare in India alla fine del tour avrei avuto bisogno di un visto di "Non Obiezione al Ritorno" (NOR). L'anno precedente avevo ricevuto un'estensione del visto, ma ora dovevo nuovamente uscire dal paese per continuare a organizzare il tour di Amma. Era già stato abbastanza difficile convincere l'ufficio registrazione stranieri di Kollam che dovevo uscire dal paese in agosto, come avrebbero accolto questa seconda richiesta di visto NOR, dopo nemmeno sei mesi? Non ne furono entusiasti ma l'accettarono.

Il vero problema si presentò quando la polizia arrivò all'ashram per il controllo di routine in seguito alla richiesta del visto NOR. Fui convocata nell'ufficio della casa di famiglia di Amma. Due ispettori di polizia volevano vedere il mio passaporto e il permesso di soggiorno e parlare con me. Non appena ci fummo seduti in quel minuscolo ufficio, mi sentii come soffocare.

Innanzitutto vollero sapere perché volevo uscire di nuovo dall'India. Mi dissero che ero lì con un visto d'ingresso e che non era possibile entrare e uscire così spesso, due volte in meno di un anno. Qual era la mia spiegazione? Dissi che la mia famiglia aveva bisogno di vedermi e che dovevo sbrigare alcune faccende. Non erano assolutamente soddisfatti delle mie risposte e mi diedero un ultimatum: rimanere con un visto a lungo termine oppure uscire dal paese dimenticando il mio visto, il visto che avevo aspettato così a lungo, quello che mi aveva permesso di non lasciare Amma ogni sei mesi!

Per un momento la mia mente esitò tra le due possibilità, ma non avevo scelta: se avessi deciso di conservare il visto di lunga durata il tour si sarebbe bruscamente arenato. Per me non c'erano alternative, il tour era ancora in alto mare, non potevo accettare quelle condizioni. Dissi alla polizia che dovevo andare negli Stati Uniti e che quindi avrei sacrificato il mio visto di lunga durata. Senza aggiungere altro, scrissero sul retro del modulo di registrazione: 'Permesso di uscita: concesso, permesso di entrata: negato', annullando così il visto. Quando ci alzammo, il cuore mi martellava nel petto. E così il mio prezioso visto se n'era andato con un colpo di penna. Non aveva senso stare a pensarci, non c'era più niente da fare, ma non me la sentivo di dare agli altri la brutta notizia, non c'era nessuna fretta.

MANTRA DIKSHA NEL KALARI

Si stava avvicinando il momento in cui sarei dovuta partire per la seconda fase dell'organizzazione del tour americano. Amma mi aveva detto che prima della partenza mi avrebbe impartito il *mantra diksha* (l'iniziazione rituale alla pratica del mantra) nel Kalari. Mi stavo preparando a questo momento sin da quando mi ero unita all'ashram nel 1983. Avevo visto i suoi effetti di trasformazione sui residenti che avevano ricevuto la *diksha* nell'intimità del Kalari e pregavo di essere degna di ricevere la grazia di Amma. Si dice che durante l'iniziazione il Guru trasmetta una parte della propria vitale e illuminata energia, in modo da accelerare il processo di risveglio nel discepolo.

Due giorni prima mi dissero che quella domenica sarebbe stata il giorno dell'iniziazione. Cominciai il digiuno, mangiando solo qualcosa di leggero la sera per mantenere le forze. Il pomeriggio della domenica, prima del Devi Bhava, feci un bagno e indossai degli abiti nuovi. Sedetti nel Kalari in meditazione. Man mano che il Devi Bhava si prolungava nella notte, la mia trepidazione aumentava. C'era più gente del solito e Amma finì solo alle 3:30 del mattino. Le porte del tempio furono chiuse e io rimasi all'interno con Amma, che indossava ancora il sari di seta del Devi Bhava. La dottoressa Leela, adesso Swamini Atmaprana, era lì a servire Amma durante la cerimonia.

Amma cominciò facendomi sedere sullo sgabello che aveva usato fino a poco prima, quindi si diresse all'altare dietro il pitham. Incrociai le gambe nella posizione del loto, mentre la schiena toccava appena la parte anteriore del pitham. Ero rivolta a est, verso le porte chiuse del tempio. La musica dei bhajan continuava nel cortile esterno, i monaci cantavano meravigliosi canti alla Devi, la Madre Divina. Portai l'attenzione all'interno, lontana dalla musica. Abbassai lo sguardo, udivo Amma intonare uno dei più potenti e antichi inni alla Devi che avessi udito durante le cerimonie di consacrazione. In quel momento mi sentii completamente rilassata e ricettiva.

Poi Amma si avvicinò a me tenendo una ghirlanda di fiori d'ibisco rossi, me la mise attorno al collo e mi applicò sulla fronte della pasta fresca di sandalo. Premette a lungo l'indice sul mio terzo occhio. Mi concentrai sulla sillaba 'ma', focalizzandomi esclusivamente su di essa, e diressi i miei pensieri sull'immagine della Madre Divina, la mia *ishta devata*. Amma continuò a recitare la preghiera ma con un tono più profondo e dolce. Senza sforzo lasciai che la mia mente si abbandonasse. Non c'erano pensieri né tempio né tempo, c'era solo un senso di totale unità. Dopo non so quanto, Amma sussurrò il mantra nel mio orecchio destro mentre le sue dita mi tappavano l'altro orecchio, come per evitare che le sue parole uscissero dall'altro lato. Ripeté il mantra tre volte e poi si allontanò verso l'altare alle mie spalle. Udivo il fruscìo del pesante sari di seta e il tintinnìo delle cavigliere danzare a tempo dei bhajan: era di una bellezza indescrivibile. Il mattino seguente, Swamini Amritaprana mi disse che Amma aveva cominciato a danzare. Sul mio volto scorrevano le lacrime, non associate a una particolare emozione. Passò dell'altro tempo. Con il mantra che risuonava dentro di me, la *shakti* (energia) del mantra che riverberava in ogni cellula del mio corpo, rimasi in quello stato di coscienza meditativo.

Dopo l'uscita di Amma, l'iniziato poteva rimanere nel tempio per tutto il tempo necessario. I primi raggi di sole mi accarezzarono il volto e silenziosamente uscii dal Kalari per tornare alla mia capanna.

PERMESSO PER IL PRE-TOUR

Il giorno dopo, mentre preparavo i bagagli, mi balenò un'idea: perché non organizzare un 'pre-tour' con alcuni dei monaci e precedere Amma? Avremmo potuto viaggiare in tutti i luoghi che lei avrebbe visitato, organizzare una serata di *satsang* (discorso spirituale) e cantare bhajan. In seguito, al termine della proiezione del video, i monaci avrebbero potuto condividere con i presenti la loro esperienza con Amma, molto più vasta della mia. Inoltre avremmo potuto verificare se tutte le sale e le case che avevo programmato per i mesi successivi erano adatte allo scopo. Nonostante sapessi

115

che mettere a punto un pre-tour mentre organizzavo anche la visita di Amma avrebbe complicato le cose, decisi di parlarne con Amma. Nessuno si mostrò entusiasta dell'idea tranne lei. Quando gliela esposi, sorrise molto dolcemente e scelse alcuni monaci che l'avrebbero preceduta negli Stati Uniti.

La data d'inizio del pre-tour fu fissata per il 26 marzo. I monaci sarebbero atterrati a San Francisco portando con sé harmonium e tabla e avremmo poi attraversato il paese in macchina. Swami Amritaswarupananda compose i bellissimi *Hari Katha* (la storia del Signore Vishnu arrangiata in musica): uno raccontava la storia della vita di Amma, l'altro parlava di Mirabai, una santa del XIV secolo. Aveva intenzione di condividerli durante i programmi del pre-tour. Dopo questa messa a punto, partii.

COMPARSA DELLA RETE DIVINA

Quell'inverno, durante il viaggio negli Stati Uniti soffrii molto il freddo; ciò nonostante riuscii a organizzare ogni giorno una proiezione del video e a consumare almeno un pasto decente.

A volte era un contatto dell'estate precedente ad aiutarmi a organizzare la proiezione, altre volte entravo semplicemente in una libreria e cercavo chi avesse voglia di guardare il video su Amma. Non ero esigente, i figli di Amma erano ovunque e lei era la mia luce guida. Studiando attentamente le pagine gialle, organizzavo incontri informali con membri di diverse chiese e centri spirituali per parlare di Amma. Molti acconsentirono a tenere un programma serale nella loro chiesa o sala conferenze senza nessun costo. Quaccheri, Unitari, il Centro di Meditazione Vipassana, il Centro Zen di Cambridge, la Società Teosofica, i sufi di Boston, la Yoga Society, il tempio Ramalayam a Chicago, la cattedrale Saint John the Divine a New York, perfino l'Università di Harvard era interessata. Il tour stava prendendo forma e potevo occuparmi dei dettagli.

Ci riunivamo nelle città dove avevo stabilito dei contatti l'estate precedente per cercare i luoghi degli incontri, preparare la campagna di comunicazione e iniziare a stilare degli elenchi. Non facevamo altro che parlare di Amma e del pre-tour. Tutti sentivano crescere l'eccitazione. Cominciammo a conoscerci lavorando insieme per un fine comune: portare Amma fra noi. La fede innocente con la quale queste persone, che non l'avevano mai incontrata, svolgevano servizio disinteressato stava fiorendo. Osservare e fare parte di tutto questo era molto stimolante. La loro bussola interiore li stava guidando verso Amma. Erano chiaramente suoi figli e aspettavo con grande impazienza il momento in cui avrei assistito al loro primo darshan.

Man mano che il programma prendeva corpo, una delle prime questioni che dovetti affrontare fu in quali luoghi Amma si sarebbe recata esattamente. Nessuno la conosceva, l'unico invito che avevamo era nella Bay Area, ma questo non mi preoccupava. Ho sempre immaginato Amma soffiare su un fiore di tarassaco, inviando i semi, portati dal vento, nei luoghi in cui vivevano la mia famiglia e i miei amici. Queste sarebbero state le principali città che avrebbe visitato, disseminate nel paese. Ma irrorati dalla pura grazia di Amma, quei semi germogliarono e, come viticci di pianta rampicante, spuntarono altri luoghi.

Dalle persone che avevano assistito alla prima proiezione a San Francisco giunse un invito per il Monte Shasta, che mi portò a Miranda e a Seattle. Poi Carmel e Santa Cruz. A Taos, nel Nuovo Messico, c'erano tanti vecchi amici e ricercatori spirituali desiderosi di incontrare Amma, perché quello era il posto dove abitavo quando avevo sentito parlare di lei. Da lì giunsero Santa Fe, Albuquerque e Lama Mountain.

La madre di Nealu, Phyllis Rosner, abitava a Chicago. Il suo primo insegnante di yoga viveva a Madison, mio padre abitava a Boston e desideravo molto che Amma visitasse New York e

Washington. Sentivo che Amma doveva tenere i programmi in quelle città, perché molte decisioni importanti e di vasta portata venivano prese lì. La divina energia di Amma sarebbe stata certamente di beneficio. Tuttavia non conoscevamo nessuno che vivesse lì, quindi dovevo cominciare da zero.

In questo modo zigzagai in lungo e in largo per il paese. Amma stava tessendo continue connessioni tra persone e città, tutto ciò che dovevo fare era vedere questo filo e seguirlo. Alcune famiglie iniziarono a offrire la loro casa per ospitare Amma. Anche se spiegavo che non si trattava solo di lei ma di almeno dieci persone, senza eccezione confermarono tutti che erano pronti ad accoglierci. Le porte si aprivano ovunque. Così questo paese, che solo due mesi prima sembrava enorme e impersonale, si trasformò in una rete interconnessa di potenziale divino. Il disegno stava affiorando.

CON CINQUE DOLLARI IN TASCA

Capitava spesso che mi trovassi con solo cinque dollari in tasca, ma Amma faceva sempre in modo che potessi cavarmela: era un vecchio amico che mi accompagnava in auto per quasi duemila chilometri fino a Taos, o una persona incontrata durante la serata di presentazione del video che mi offriva un biglietto sul bus di linea Greyhound per raggiungere la tappa successiva. Durante quelle sei settimane percorsi centinaia e migliaia di chilometri. Eravamo io, il mio zaino e un intenso desiderio di portare Amma ai suoi figli.

Il 20 marzo arrivai a New York. Meno male! Entro una settimana i monaci sarebbero arrivati a San Francisco per cominciare il pre-tour. I miei familiari a Boston mi avevano generosamente offerto il biglietto aereo di ritorno in tempo per poterli accogliere il 26. In generale, sentivo che tutto procedeva bene. Eppure devo confessare che una preoccupazione mi assillava: avevo sperato di avere maggiore sicurezza economica, ma fino a quel momento si era materializzato solo il denaro sufficiente per arrivare nella città successiva. Eppure dovevo andare avanti, l'organizzazione era troppo avanzata perché questo opprimente timore potesse diventare un ostacolo.

Il problema più urgente era raggiungere Boston e non sapevo come fare. A New York ero ospite di un'amica d'infanzia di mia madre, Ann Wyma, che insegnava teatro all'università. Quella sera aveva gentilmente organizzato una proiezione del video al campus. Ero praticamente certa che ci sarebbero state molte persone e che qualcuno si sarebbe presentato per offrirmi un passaggio per Boston, proprio com'era già capitato.

Potete immaginare il mio disappunto quando arrivai e vidi solo uno spettatore? Ed era venuto soltanto perché credeva si trattasse delle arti marziali del Kerala. Era così dispiaciuto per me che rimase, mentre accendevo la lampada a olio e parlavo di Amma e dell'imminente tour. Inutile dirlo, non andava a Boston.

La situazione peggiorò. Quando uscii dalla sala aveva cominciato a nevicare abbondantemente. Non avendo soldi per il biglietto dell'autobus, dovevo percorrere a piedi i venti isolati. Abbottonandomi la giacca, il vento pungente che mi sferzava il viso, cominciai ad avanzare a fatica. Senza alcuna pietà, la nevicata si trasformò in una bufera. A un certo punto fu troppo per me. Mi fermai nel bel mezzo del marciapiede e alzai gli occhi al cielo: un sentimento di profonda disperazione mi assalì. Tutto quello che udivo erano le parole pronunciate da Amma alcuni mesi prima: "Mia cara figlia, non chiedere niente e tutto ciò di cui hai bisogno arriverà".

Lacrime cocenti mi rigavano le guance, sentii le ginocchia cedere mentre m'inginocchiavo sulla neve, in piena notte, su un marciapiede di New York. I passanti mi spintonavano, mi urtavano nella fretta di fuggire da quella tormenta. E lì mi misi a pregare. Misi tutta me stessa nella preghiera. Era un grido di aiuto ad Amma, la supplicavo che mi ascoltasse e mi tendesse la mano, che venisse da me in quella desolata e disperata situazione e mi facesse sapere che il mio appello la raggiungeva. Non ero mai stata così disperata. Perché le mie mani erano vuote, Amma? Perché mi trovavo a 5.000 chilometri da dove dovevo essere? Come potevo sperare di proseguire? Come potevo accogliere i monaci tra una settimana quando non ero nemmeno in grado di raggiungere Boston il giorno dopo? Avevo mancato in qualcosa? C'era qualche altro sacrificio da fare?

Dopo questo episodio, non ricordo molto del cammino lungo i venti isolati eccetto il freddo intenso. Il giorno dopo mi svegliai in un appartamento vuoto. Con l'animo triste mi diressi in cucina dove trovai un biglietto che diceva:

Cara Gretchen, non so quali siano i tuoi progetti, ma voglio aiutarti ... Ann

Mi aveva lasciato tre banconote da 20 dollari. Il biglietto per Boston costava 58 dollari. Sentii un nodo alla gola, Amma era intervenuta ancora una volta.

Ma il meglio doveva ancora venire! Quando arrivai da mio padre a Boston, mi disse che due famiglie avevano provato a contattarmi. Avevano chiamato al mattino sperando di rintracciarmi e mi diede il loro numero di telefono. Le chiamai. Dissero la stessa cosa: da quando l'avevano vista poche settimane prima, non potevano fare a meno di pensare ad Amma. La notte precedente avevano sentito l'urgenza di contattarmi. Volevano contribuire finanziariamente alla realizzazione della tournée e, con l'imminente pre-tour e la venuta di Amma otto settimane dopo, avrei certamente avuto bisogno di aiuto. Ed entrambe donarono esattamente 5.000 dollari!

Il sole non aveva neppure avuto il tempo di tramontare da quando avevo innalzato la mia preghiera ad Amma. Mi aveva teso non una, ma entrambe le mani. Questa è Amma, pura grazia.

CAPITOLO 6

Spazzare il sentiero

Aprile 1987
Oakland, California

Poiché Amma era stata invitata negli Stati Uniti dai Rosner, la famiglia del fratello di Swami Paramatmananda, fu lì che andai a ricevere i monaci per il pre-tour. La residenza dei Rosner, nella periferia di Oakland, era divenuta la nostra base; nell'organizzazione del primo tour mondiale di Amma la loro generosità era sempre un faro, gradito e sempre presente.

Ero appena tornata da Boston e correvo a destra e a sinistra, ricontrollando le liste con Judy Rosner: la lista delle provviste e delle spezie, quella dei vestiti caldi per tutti con varie taglie, una 'lista di controllo dei preparativi' per ognuna delle quindici città e cittadine che Amma avrebbe visitato e che comprendeva ogni cosa, dall'accoglienza all'aeroporto fino all'occorrente per la pulizia della yurta. Un'altra ancora per il pre-tour, dalle pentole da cucina agli utensili in ottone necessari per la puja di benvenuto ad Amma; un elenco dei contatti principali, nuove piste, consigli, richieste; l'elenco dei biglietti aerei e degli orari dei voli. Non ci volle molto prima che mi fosse necessaria anche una lista delle liste per tenerle in ordine.

Seduto al tavolo della cucina, Earl Rosner disse: "Kusuma, vacci piano, siediti sul divano e rilassati. Amma sta arrivando, andrà tutto bene. Non guastare la dolcezza di Amma trascinandola in troppi posti". La mia reazione fu immediata, probabilmente dovuta alla stanchezza: "La dolcezza di Amma è immutabile, non può cambiare. Noi abbiamo già Amma nelle nostre vite. Sta venendo qui per incontrare i suoi nuovi figli, non sta viaggiando per noi. La dolcezza di Amma è nell'abbraccio dei suoi figli e possiamo solo aspettarci sempre più dolcezza. Accendere la lampada dell'amore nel cuore di qualcuno è la gioia più grande di Amma. Ti prego di non dirmi più una cosa del genere". Mi sentii subito costernata per quella risposta brusca e inaspettata, ma Earl scoppiò a ridere come un fratello maggiore e disse di ammirare la mia determinazione, ammettendo che probabilmente era lui a doversi sedere sul divano!

Sebbene avessi già percorso nei primi due giri degli Stati Uniti più di 15.000 chilometri, mi sentivo fresca come una rosa mentre guidavo verso l'aeroporto quel mattino del 26 marzo. Un affiatato gruppo di ricercatori spirituali della Bay Area aveva lavorato duramente per organizzare i nostri prossimi 10.000 chilometri, il pre-tour, come lo chiamavamo noi. Avevano stampato volantini, presentato nuovamente il video, contattato amici e parenti sul nostro itinerario, donato i loro veicoli, comprato calzini caldi e lenzuola, cucinato delizioso cibo vegetariano, pulito le case e trascorso ore sopportando me e le mie liste!

Il pre-tour sarebbe cominciato il primo aprile in un vecchio ma robusto furgoncino Dodge prestatoci da Jack Dawson, un vecchio amico di famiglia dei Rosner. Avrei accompagnato i monaci attraverso il paese affinché conducessero satsang e programmi di bhajan in ogni città che Amma avrebbe visitato a maggio, giugno e luglio. La mia speranza era che ancora più persone venissero a conoscenza del prossimo tour di Amma; desideravo inoltre verificare che i luoghi d'incontro in programma fossero adeguati. Volevo scongiurare qualsiasi spiacevole sorpresa adesso, non durante il tour di Amma. Il pre-tour era una sorta di collaudo a cui avevo lavorato per sei settimane.

Larry Kelley, originario di San Francisco, aveva assistito alla prima proiezione del video e, nella prima parte del viaggio, percorremmo assieme 1.500 chilometri verso nord, fino a Seattle. Dapprima ci recammo a Mount Shasta, dove Swami Amritaswarupananda lanciò la sua prima palla di neve e i monaci dormirono nella loro prima yurta. In seguito andammo a Miranda, dove videro le loro prime, maestose sequoie. Scott Stevenson, un vecchio amico del Nuovo Messico, avrebbe sostituito Larry come copilota per tutte le tappe ad est. Così, dopo altri 3.000 chilometri, lo incontrammo a metà strada a Carson, nel Nuovo Messico.

In un pentolino da campeggio cucinavo del kitcheri (piatto di riso e lenticchie) per i pasti e, in quello stesso pentolino, preparavo della cioccolata calda e del tè che ci ristoravano un po'. Nelle case in cui fummo ospitati, i monaci ebbero il loro primo contatto diretto con una cultura completamente diversa. Le cene in cui ognuno portava qualcosa furono per loro un'occasione per scoperte culinarie. Swami Amritaswarupananda assaggiò un piatto di sgradevole 'erba', detta anche insalata. I monaci vennero accolti con l'entusiastico 'abbraccio da orso' che imparai subito a schivare con tatto per loro. "Siamo monaci, Kusuma, potresti cortesemente bloccarli al nostro passaggio?" Ogni swami ricevette un nuovo sacco a pelo Coleman che divenne il suo fedele compagno mentre attraversavamo le Montagne Rocciose: faceva molto freddo all'inizio della primavera. I paesaggi sfilavano dinanzi a noi, sembrava di essere in un altro mondo! Non posso immaginare quanto mancasse loro Amma.

Nel 1987, nel numero di marzo di *"Amritanandam"*, Swami Paramatmananda scrisse:

> *Cari fratelli e sorelle,*
> *... siamo arrivati il 26 marzo a casa di mio fratello Earl Rosner, la persona che ha invitato la Santa Madre in America. Da quel momento, con Kusuma e il signor Larry Kelly, siamo stati negli stati della California, dell'Oregon e di Washington, recandoci nei posti che visiterà la Madre,*

organizzando il suo programma e cantando bhajan durante gli incontri con i devoti. Abbiamo ricevuto una buona accoglienza e ovunque i devoti attendono con ansia il mese prossimo per ricevere il darshan di Amma. Sentiamo le mani della Madre Divina guidarci a ogni passo e con sorpresa ascoltiamo i devoti raccontare le esperienze che hanno vissuto per grazia di Amma. Nonostante Amma sia fisicamente in India, lontana 20.000 chilometri, il suo Sé onnipresente non sembra essere limitato né dal tempo né dallo spazio, poiché benedice i suoi figli in tutto il mondo!

Kusuma ci accompagna per migliaia di chilometri attraverso gli Stati Uniti, organizzando il programma della Madre e il nostro, cucinando e comportandosi come una piccola mamma che si prende cura di noi in ogni modo. A causa di tutti questi impegni non ha avuto tempo di scrivere la newsletter mensile e per questo Nealu approfitta di una pausa tra due tappe per sedere alla macchina da scrivere.

In Amma

Br. Nealu (Swami Paramatmananda)

La presenza dei monaci era straordinaria e testimoniava la grandezza di Amma. Mentre ci spostavamo da una città all'altra, gli Hari Katha composti e interpretati da Swami Amritaswarupananda creavano un'atmosfera di sublime devozione. Swami Paramatmananda, originario degli Stati Uniti, cominciò a tenere discorsi ispiranti prima della proiezione del video "Un giorno con la Madre". Cantavamo con tutto il cuore il nostro amore per Amma, senza microfoni, e sentivamo intensamente la sua divina presenza. Questi programmi operarono incredibili trasformazioni. "Prabhu Misham", uno dei bhajan del pre-tour del 1987, toccò particolarmente le persone che lo ascoltavano; vennero cantati anche "Gajanana" e "Kaya Pia", "Gopala Krishna" e "Karunalaye Devi", Narayana Hari" e "Gangadhara Hara". Le sessioni di

Kusuma, Swami Paramatmananda e Swami Amritaswarupananda

domande e risposte dopo le proiezioni erano animate e profonde. A ogni tappa assistevano 25-30 persone, mentre alle mie proiezioni di soltanto un mese prima non ce n'erano più di una dozzina. Lungo la strada furono distribuiti sempre più volantini e poster del tour di Amma.

Dopo 2.500 chilometri raggiungemmo Madison. E lì, sul verde prato della fattoria dei Lawrence, il fedele furgoncino Dodge preso in prestito esalò l'ultimo respiro. Fu un momento solenne e i monaci eseguirono una puja di commiato per il suo eroico e disinteressato servizio. Ci aveva trasportati e riparati per più di 6.000 chilometri senza mai lasciarci a piedi su un'autostrada deserta. Jack prese bene la notizia, ma dato che eravamo solo a metà del pre-tour e il tempo incalzava, dovevo inventarmi velocemente qualcosa. Bus per Chicago, un volo economico per New York, un viaggio in treno lungo la costa orientale diretti a Washington e Boston. Al ritorno avremmo dovuto volare a San Francisco, non potevamo fare altrimenti. Il cuore e la testa mi giravano per lo sforzo di rimanere concentrata, stare con i piedi per terra e non perdere il ritmo. Quando arrivammo a Boston mancavano meno di dieci giorni dall'arrivo di Amma sulla costa occidentale.

Di recente, rievocando il pre-tour con Swami Amritaswarupananda e Swami Paramatmananda, abbiamo fatto fatica a ricordare i momenti difficili, benché il viaggio fosse stato estenuante. Abbiamo riso e pianto innumerevoli volte lungo la strada, condiviso profondi momenti in cui la presenza e la grazia di Amma ci hanno resi umili e riempito gli occhi di lacrime. Per ognuno di noi fu una fase di maturazione nella nostra vita spirituale. Eravamo impegnati a portare Amma al mondo, un incredibile punto di svolta, e volevamo farlo nel miglior modo possibile. I nostri sforzi erano la nostra offerta e da ogni parte la sua grazia si riversava su di noi. Solo anni dopo ho scoperto che è molto insolito che i discepoli precedano il Guru in un modo simile ma, poiché ne ero all'oscuro, con la benedizione di Amma facemmo ciò che era necessario fare per annunciare il primo tour mondiale di Amma.

Desidero ricordare il gruppo centrale di persone che hanno partecipato sin dalla prima proiezione del video "Un giorno con la Madre" a San Francisco e senza le quali non avrei potuto scrivere questo capitolo: George Brunswig, Tina Hari Sudha Jencks, la defunta Nancy Crawford (Brahmacharini Nirmalamrita), il defunto Larry Kelley, Susan Rajita Cappadocia, Robin Ramani Cohelan, James Mermer, Cherie McCoy, Jack Dawson, Timothy Conway, Michael Hock, Scott Stevens, Candice Sarojana Strand, mia sorella Katherine Ulrich e, ovviamente, Earl e Judy Rosner. Questo gruppo offrì sin dall'inizio il suo impegno, fece enormi sacrifici perché Amma venisse in occidente e, per di più, ebbe l'onore di costituire il comitato di accoglienza dei monaci che condussero il pre-tour.

Le famiglie che ospitarono Amma e il tour preliminare furono i Rosner a Oakland, la famiglia della defunta Marion Rosner, Tina e Theo Jencks di Berkeley, Ron Gottsegen e Sandhya Kolar a Carmel, la famiglia Iyer di Palo Alto, Liesbeth e Ivo Obregon di Santa Cruz, la defunta Elizabeth Wagner di Weed, Susan Rajita Cappadocia di Mount Shasta, Ken e Judy Goldman a Miranda, la famiglia di Terri Hoffman di Seattle, la defunta Feeny Lipscomb, Bruce Ross, Isabella Raiser e Bob Draper di Taos, la famiglia Schmidt di Santa Fe, la famiglia Pillai di Albuquerque, Balachandran, Lakshmi Nair e il defunto Phyllis Rosner a Chicago, Barbara, David e Rasya Lawrence a Madison, Mary La Mar e Michael Price anch'essi a Madison, Phyllis Sujata Castle di New York, Gena Glickllich di Boston, la defunta Mirabhai dell'area di Washington DC, Kit Simms nel Maryland, la famiglia Devan nel Connecticut, la famiglia McGregor di Pittsburgh e gli abitanti della fattoria Plain Pond.

Una volta che ebbi fatto tutto quello che era in mio potere, Amma organizzò splendidamente il tutto, come al solito. Sempre più gente veniva a sapere di Amma. Altri erano in contatto con la rete di persone che avevo incontrato in estate e, a poco a poco, molti altri volontari si sarebbero uniti per dare una mano ad accogliere il tour di Amma. Come speravamo, l'idea del pre-tour aveva suscitato molto entusiasmo. Nel maggio del 1987, dopo un anno di sforzi organizzativi, al momento della pubblicazione di "Ricordo del Primo Tour Mondiale!" erano stati realizzati 40 programmi che illustravano la diversità spirituale dell'America:

TOUR DELLA SANTA MADRE NEGLI STATI UNITI (1987)

18 maggio	Arrivo della Madre all'aeroporto di San Francisco, California (CA)
19 maggio	Yoga Society di San Francisco
20 maggio	Badarikashram, San Leandro, CA
21 maggio	Harwood Vipasana Meditation House, Oakland, CA
22 maggio	Chiesa Episcopale di Cristo, Sausalito, CA
23 maggio	Prima Chiesa Unitaria, San Francisco
24 maggio	Compagnia di Integrazione Culturale, San Francisco
25 maggio	Devi Bhava Darshan, residenza dei Rosner, Oakland
26 maggio	Unity Church, Santa Cruz
27 maggio	Circolo femminile di Carmel, California
29 maggio	Casa d'incontro degli amici dei quaccheri, Seattle, stato di Washington (WA)

30 maggio	Unity Church, Bellevue, WA
31 maggio	Devi Bhava Darshan, residenza di Terri Hoffman, Seattle
2 giugno	Melia Foundation, Berkeley, CA
3 giugno	Whispering Pines Lodge, Miranda, CA
4-6 giugno	Ritiro presso la comunità Morningstar, Monte Shasta, CA
7 giugno	Devi Bhava Darshan, yurta di Morningstar, Monte Shasta
9-10 giugno	Great Hall del College di St. John, Santa Fe, Nuovo Messico (NM)
12 giugno	Center of Performing Arts, Taos, (NM)
13 giugno	Auditorio Harwood, Taos
14 giugno	Benedizione delle pietre del tempio, residenza dei Longo-Whitelock, Taos
15 giugno	Residenza dei Pillai, Albuquerque, NM
16 giugno	Centro di Meditazione Lama Mountain, NM
17 giugno	Devi Bhava Darshan, residenza dei Lipscomb-Ross, Taos
19 giugno	Chiesa Bianca di Quesnel, Taos
20 giugno	Tempio di Hanuman, Taos
21 giugno	Celebrazione del solstizio della Madre Divina, presso Jameson Well di Pot Creek, NM
22 giugno	Residenza degli Stevens, Carson, NM
23 giugno	Devi Bhava Darshan, residenza degli Schmidt, Santa Fe
25 giugno	Gates of Heaven, Madison, Wisconsin (WI)

26 giugno	Casa d'incontro degli amici dei quaccheri, Madison, WI
27 giugno	Chiesa Unitaria, Madison
28 giugno	Devi Bhava Darshan, residenza dei Lawrence, Madison
29 giugno	Tempio induista Ramalayam, Lemont, Illinois
1 luglio	Divine Life Church, Baltimora, Maryland
2 luglio	Chiesa Unitaria, Washington DC
4 luglio	Fattoria Plain Pond, Providence, Rhode Island, New England
5 luglio	Centro Zen Cambridge, Cambridge, Massachusetts (MA)
6 luglio	Ordine Sufi di Boston, Boston, MA
7 luglio	Società Teosofica, Boston,
8 luglio	Università di Harvard, Cambridge, MA
9 luglio	Old Cambridge Baptist Church, Cambridge
10 luglio	Istituto Himalayan, New York
11 luglio	Ashram Geeta Temple, Elmhurst, NY
12 luglio	Cattedrale St. John the Divine, NY
13-14 luglio	Ritiro presso la residenza dei Devan nel Connecticut
15 luglio	Partenza di Amma per il tour europeo

Concludemmo il pre-tour sulla costa orientale e tornammo indietro appena dieci giorni prima dell'arrivo di Amma. Avevamo spazzato il sentiero ed era giunto il momento, finalmente, che il mondo incontrasse Amma.

CAPITOLO 7

Sul palcoscenico del mondo

San Francisco
18 maggio 1987

Finalmente giunse il grande giorno dell'arrivo di Amma! Era una giornata bella e fredda, tutti i preparativi per accogliere lei e il gruppo erano stati compiuti con grande devozione e fiducia. Grazie all'impegno dei volontari era stato trovato tutto quello che serviva, dalla sedia per il darshan di Amma alla verdura fresca, dai calzini nuovi alle lenzuola. Avevamo noleggiato un pulmino bianco da dodici posti per attraversare il Bay Bridge e raggiungere Amma e il gruppo. Molte delle persone che avevano aiutato nei preparativi si unirono a noi per accogliere Amma all'aeroporto di San Francisco.

Non ci sono parole per descrivere ciò che sentivo nel cuore quel mattino. Tutto il mio impegno dell'ultimo anno, i chilometri, le prove, le tribolazioni, la grazia di Amma che aveva reso possibile quel momento… tutto questo risuonava dentro di me. Scrutai i volti dei figli di Amma che stavano per incontrarla per la prima volta: avevano lavorato molto duramente e, in quel momento di attesa, dai loro visi trasparivano tanta bellezza e una grande dolcezza. Gabriel, il figlio dei Rosner, mi era saltato in braccio per vedere meglio Amma mentre, nella hall degli arrivi dell'aeroporto di San Francisco, lei "scivolava" verso di noi, graziosa come un cigno. Non avevo mai visto quell'espressione sul suo volto: Amma era sempre raggiante e presente, ma in quel momento splendeva come una fiamma. Ogni particella del suo

essere irradiava luce e sprigionava energia, come un'enorme onda
che si infrange sulla riva.

AMMA A CASA!

Le venne offerta una ghirlanda di fiori. Qualcuno aveva pensato
di donarle un sacchetto di cioccolatini "Hershley Kisses" che
Amma cominciò a distribuire. Dava a ognuno un abbraccio e un
cioccolatino. Sedemmo accanto a lei per un po' mentre i bagagli
venivano ritirati e i veicoli si accostavano ai marciapiedi. Amma
era semplicemente radiosa, tutti in riverente silenzio si beavano
della sua luce, come se quel momento non dovesse finire mai. Lei
si comportava con naturalezza, conversava con tutti, chiedendo
i loro nomi e facendoli ridere con un racconto del lungo viaggio.
Erano tutti felici di udire per la prima volta la sua voce.

Infine Amma e il gruppo salirono sul furgoncino bianco,
tutti i bagagli erano stati caricati e il veicolo si diresse verso est,
lungo la baia. Ricordo di aver guardato nello specchietto retrovi-
sore mentre mi allontanavo dal marciapiede: seduta al suo posto,
Amma guardava silenziosamente dal finestrino l'America che
vedeva per la prima volta.

Il mattino seguente Amma diede il darshan nella casa dei
Rosner a un piccolo gruppo di devoti entusiasti che non potevano aspettare fino alla sera per assistere al primo programma di
Amma. Ricordo in particolare il defunto Steve Fleischer e sua
moglie, Marilyn Eto, Dennis e Bhakti Guest, che in qualche modo
erano stati guidati lì quel primo mattino; ovviamente c'erano
anche Tina, Nancy, George, Tim, Robin, James, Jack e Cherie
che nell'ultimo anno avevano aiutato moltissimo.

Amma cominciò con una lunga meditazione seguita da una
sessione di darshan durante la quale cantava semplici *bhajan
namavali* (canti devozionali in cui si ripete il nome del Signore)
mentre abbracciava ogni persona. Il programma terminò dopo

qualche ora e tutti andarono via per attaccare gli ultimi manifesti in città e prepararsi per il primo programma serale alla Yoga Society di San Francisco.

IL PRIMO PROGRAMMA SERALE DI AMMA

San Francisco
19 maggio 1987

Può sembrare strano ma quella sera, mentre guidavo verso San Francisco con Amma e il suo gruppo, ero estremamente nervosa. Ricordo che, mentre attraversavamo il Bay Bridge diretti a ovest, le mie mani erano aggrappate al volante, le nocche bianche per la forte stretta. "Respira profondamente", continuavo a ripetermi, "Recita semplicemente il mantra, continua a recitarlo". Perché ero così inquieta? Pensando a tutti gli sforzi fatti, i principali dubbi di quella sera erano: "Verrà qualcuno? Amma sarà ricevuta adeguatamente? La Yoga Society rimarrà delusa di aver ospitato il programma di Amma se la sala non sarà piena?" Questi pensieri mi frullavano in testa mentre giravo l'angolo per fermarmi di fronte all'ingresso.

E cosa videro i miei occhi? Lungo tutto il lato dell'edificio c'era una fila di gente che aspettava di entrare! Fui sommersa da un'ondata di sollievo e mi rilassai immediatamente, sgusciando fuori dal pulmino per aiutare Amma a scendere, raggiante, in mezzo a una bellissima folla entusiasta. Qualcuno le mise al collo una ghirlanda e fummo guidati all'interno.

La piccola pedana che fungeva da palco era a malapena sufficiente per accoglierci tutti. Quella fu l'unica volta in cui Amma cantò senza impianto audio negli Stati Uniti. Squarciò il cielo con il suo canto e il paradiso scese su di noi. Ancora adesso sento Amma intonare "Gajanana He Gajanana", "Gopala Krishna", "Shristiyum Niye", "Karunalaye Devi", "Prabhu Misham" e "Durge Durge", come se fosse ieri. Continuavo a sbirciare il pubblico per vedere la sua reazione, è difficile trovare le parole per descrivere la scena: proprio di fronte al palco, a nemmeno due metri da Amma, il gruppo principale dei devoti cantava e ondeggiava. Tutti gli occhi erano puntati su di lei, il pubblico era in assoluto silenzio, come ipnotizzato. Molti presenti cantavano da più di dieci anni bhajan con altri gruppi di satsang, ma dai loro volti si capiva che nella loro vita non avevano mai udito o provato niente di simile. Alcuni avevano il viso bagnato di lacrime, sebbene l'espressione prevalente fosse quella di rispetto e ammirazione.

Avevo lavorato per un anno con alcuni di loro e aspettavo con impazienza di assistere al loro primo abbraccio, ma sembrava quasi che per qualcuno il darshan fosse già cominciato. Amma cantò a lungo e nessuno si mosse dal proprio posto. Infine, al termine delle preghiere di chiusura, calò un profondo silenzio. Sedevamo tutti in attesa, non volevamo disturbare quell'atmosfera con i nostri movimenti. Poi Amma iniziò a dare il darshan che proseguì fino a tardi. Quella notte a San Francisco molte persone, trasformate per sempre dal dolce abbraccio di Amma, ricevettero un cioccolatino "bacio" (Hershley Kiss), il primo di una lunga serie. Mentre ci dirigevamo verso Oakland, i monaci affrontarono la questione dell'impianto audio perché non era possibile, soprattutto in un clima così rigido, cantare dei bhajan senza amplificazione. Amma chiese le dimensioni delle altre sale e, mentre le descrivevo, fu chiaro anche a me che avevamo bisogno di un impianto.

PROVA, PROVA, UNO DUE, UNO DUE...

Il mattino seguente, mentre i devoti erano riuniti dai Rosner per la sessione mattutina di meditazione e per il darshan, mi recai nel centro di Oakland in cerca di un negozio di musica. Indossavo il mio completo punjabi bianco e sembravo davvero fuori luogo. Entrai in un negozio per strumenti da rock'n roll; ogni metro quadro era ricoperto di materiale: appesi al soffitto c'erano chitarre

Darshan all'aeroporto di San Francisco

elettriche, ukulele, sassofoni, enormi amplificatori... Quel negozio aveva tutto quello che si potrebbe immaginare. Poster di rock star e musicisti jazz, in gran parte autografati, coprivano le pareti. Le vetrinette di cristallo erano stipate di microfoni di ogni genere ed era possibile acquistare cavi, casse, aste da microfono, luci ultraviolette, macchine del fumo, mixer e amplificatori grandi e piccoli. Mi sentivo un po' a disagio e avrei voluto non essere sola mentre mi avvicinavo al banco per chiedere assistenza.

Mi avevano già adocchiata. Il commesso aspettava in piedi. Sorrisi timidamente e dissi: "Salve". Avevo la bocca secca ma dovevo farlo. "Ho bisogno di un impianto audio".

"Per che genere di musica?"

"Canti devozionali dell'India orientale, harmonium, tabla, voci potenti, seduti a terra, per una tournée".

Il commesso sembrava aver capito, niente che non avesse già sentito prima. "Quanto vuoi spendere?"

"Non troppo".

"Concerti dal vivo o registrazione in studio? Chi è il vostro tecnico del suono?

"Cos'è un tecnico del suono?"

A quelle parole inarcò leggermente le sopracciglia. "Quanti musicisti? Hai intenzione di fare delle registrazioni?"

"Sì, certamente".

Il commesso andò velocemente nella stanza sul retro. Tornò poco dopo, fece spazio sul banco e in meno di venti minuti montò un impianto audio elementare. Mi consigliò un semplice mixer Peavey con amplificatore incorporato: ottima qualità del suono a un buon prezzo, affidabile, semplice da usare, facile da trasportare e con dieci allacci per microfoni. Venduto. Due amplificatori su piantana, un set di microfoni per voci con asta, cavi e, su ordinazione, delle custodie resistenti per il trasporto. Come colore scelsi l'arancione, sarebbero state pronte in una settimana. Rientrava tutto nel budget. Questo commesso sapeva il fatto suo. L'ultimo acquisto fu il microfono per Amma, per il quale avevo messo da parte un po' di soldi in più. "La nostra cantante principale ha una voce molto potente e quando canta, ondeggia", mi sentii dire.

Rifletté un momento e poi scelse un microfono dalla vetrina: "Questo è il modello che Aretha Franklin ha usato per molti anni", mi disse. "L'ha scelto tra altri modelli più costosi perché le piaceva molto il suono, era il più adatto alla sua voce".

Mi aveva già conquistata alla parola 'Aretha', così lo comprai.

Mi chiese di nuovo chi era il mio tecnico del suono. Quando gli dissi che ero io e che non avevo nessuna esperienza, annuì. "D'accordo, allora avrai bisogno di sapere come muoverti". Feci dunque un corso accelerato su come montare l'impianto, impostare i livelli ed equilibrare il mixaggio e ricevetti alcune indicazioni sulle cose a cui avrei dovuto prestare attenzione. La prima notte avremmo evitato di registrare, quasi sicuramente sarei stata fin troppo occupata. Quando tornai a casa il darshan era finito e il gruppo stava riposando. Recitai l'archana e pregai che tutto andasse bene.

Entrando nella hall col nuovo impianto, incontrai dei devoti che erano arrivati in anticipo per aiutare a decorare la sala. Stavano ancora vivendo l'entusiasmo e la gioia che seguono il darshan e non avrebbero potuto essere più servizievoli. Trasportammo all'interno l'impianto audio e lo estraemmo accuratamente dalle custodie. Cercavo di avere l'aria di sapere quello che facevo. Mentre loro riordinavano il palco, lo decoravano con i fiori e allestivano l'altare, cominciai a sudare alle prese con l'impianto. Seguii attentamente le istruzioni che avevo ricevuto: collocare metodicamente i microfoni senza ingarbugliare i cavi, ricordare quale microfono corrispondeva al relativo numero sul mixer, mettere l'asta del microfono di Amma di lato, in modo che non le fosse di fronte mentre si sedeva. Mi sentivo soddisfatta. Avevo fatto del mio meglio, adesso il risultato era nelle mani di Amma. Tutto ciò che restava da fare era coltivare il distacco e ricordare "Non sono colui che agisce". Rientrai giusto in tempo per prelevare Amma e il gruppo.

Quando arrivammo davanti alla sala, uscii velocemente dal pulmino e chiesi a una persona dell'organizzazione di parcheggiarlo nei paraggi. Accompagnai Amma nella hall fino al palco e indietreggiai rapidamente, pronta a posizionarle il microfono. Amma s'inchinò, com'è solita fare prima di sedersi a ogni programma, poi guardò lentamente tutte le persone che erano venute quella sera. La sala era piuttosto affollata, non si sentiva volare una mosca. Amma mi guardò e fece un cenno impercettibile per il microfono, come se per me fosse una cosa normale sistemare il microfono per la Signora dell'universo. Recitando il mantra, lo posizionai guardando la reazione di Amma che inarcò le sopracciglia esattamente come aveva fatto il commesso quella mattina! Risi sotto i baffi notando che a Amma non sfugge mai niente! Lei è con noi, ci guarda e veglia su di noi, in ogni occasione, grande e piccola. La sua capacità di confermare la sua costante presenza attraverso una comunicazione sottile è perfetta. Tuttavia, se non vi prestiamo attenzione, possiamo facilmente non accorgercene.

In meno di un secondo, tutto quello che avevo bisogno di sapere mi era stato comunicato. Amma mi sorrise con infinita dolcezza e allungò la mano per toccarmi la sommità del capo e benedirmi. Era tutto ciò di cui avevo bisogno, il mio nervosismo sfumò. Prendendo posto al mixer, alzai lentamente il volume di tutti i microfoni e tirai un sospiro di sollievo. Tutto andò liscio come l'olio, il microfono di Amma era fantastico.

La Bay Area e il nord della California furono molto fortunati a ospitare in quel primo anno quasi due settimane di programmi, dal Monte Shasta, a nord, sino a Carmel, a sud. Amma era a suo agio ovunque. Già un gruppo di devoti la seguiva un programma dopo l'altro, molti di loro avevano assistito alla prima proiezione del video a San Francisco, quasi un anno prima.

PRIMO DEVI BHAVA

Il primo darshan di Devi Bhava fuori da Amritapuri si svolse in America, in un luogo insolito. Un mattino, molto presto, Amma scese le scale e si mise a ispezionare ogni stanza della casa dei Rosner. All'inizio non capivamo cosa stesse cercando, ma lo scoprimmo presto. Nessuno di noi sapeva se Amma avrebbe tenuto o meno un Devi Bhava all'estero, ma era questo che lei aveva in mente quel mattino. Una delle stanze laterali della casa era grande quasi come il Kalari di Amritapuri e aveva due porte finestre che si affacciavano su un ampio salotto. Amma scelse quella stanza.

Durante il darshan del mattino e in quello serale venne annunciato che Amma avrebbe dato un darshan in Devi Bhava la sera dopo, a partire dalle 20:30. Il giorno dopo, dei sari di seta furono appesi tutto intorno per decorare la stanza, mentre noi cercavamo la sedia giusta per Amma e un tavolino per il prasad. A ridosso della parete di fondo venne allestito un altare molto semplice con una foto della Madre Divina e una lampada a olio in ottone, una graziosa composizione di fiori di campo e un vassoio di frutta furono il tocco finale. Un mandala artigianale nelle tonalità della terra che avevo acquistato a Kochi venne appeso come sfondo.

Anche se nel 1987 non esistevano ancora i cellulari e le notizie si diffondevano col passaparola, molte persone cominciarono ad arrivare nel tardo pomeriggio. Ben presto la casa fu piena. Chi non riusciva a entrare prese posto sul prato davanti alla casa. I monaci si erano sistemati per i bhajan di fronte alle 'porte del tempio' che si sarebbero presto aperte rivelando per la prima volta al mondo occidentale la maestosa visione di Amma in Devi Bhava.

Alle 20:30 i bhajan erano già iniziati da più di un'ora e i devoti erano in trepidante attesa. Eravamo in tre all'interno del tempio improvvisato mentre Amma si preparava. Il pujari aveva comprato una lampada a più ripiani per l'arati e l'aveva riempita di canfora. L'assistente di Amma stava dando i ritocchi finali mentre io lucidavo la corona d'argento. Per quella notte Amma aveva scelto un bellissimo sari verde intenso. Misi la corona sul *pitham* (seggio sacro, N.d.T.) affinché Amma la benedicesse e rimasi in piedi, vigile, recitando attentamente il mantra, in attesa del segnale per aprire le porte del tempio per il canto "Ambike Devi" che segna l'inizio del Bhava Darshan.

Nonostante avessi assistito in India a molti Devi Bhava con Amma nel Kalari, la sensazione di quella notte fu nettamente diversa. Sembrava che un torrente di energia irrompesse nella sala dal profondo della terra, con un battito silenzioso e palpabile. Infine Amma fu pronta e prese posto sul suo seggio: seduta a occhi chiusi sul pitham che le avevamo offerto, aveva le mani colme di petali di fiori, sebbene io sentissi in modo impercettibile la presenza della spada e del tridente. Sfortunatamente la sua assistente aveva dimenticato di portare le cavigliere. Non era mai accaduto prima! Amma vibrava a una velocità straordinaria, l'atmosfera nella sala divenne estremamente calda, l'aria era carica di elettricità. La lampada dell'arati fu accesa, quando, improvvisamente, la stanza cominciò a ondeggiare. Ricordo di aver pensato: "Oh no! Un terremoto proprio adesso?". Lanciai uno sguardo alle altre due persone che avevano assunto un'espressione molto seria e questo non mi rassicurò. Che stava succedendo?

Guardando Amma, compresi che era lei la fonte di quell'ondata di energia, tutto scaturiva direttamente da lei. Mi dissi: "Mamma mia! Amma sta per sollevare la casa dalle fondamenta!" Nello stesso momento attraversò la mia mente il lieto pensiero che l'ancestrale Madre Divina dell'universo si stava manifestando

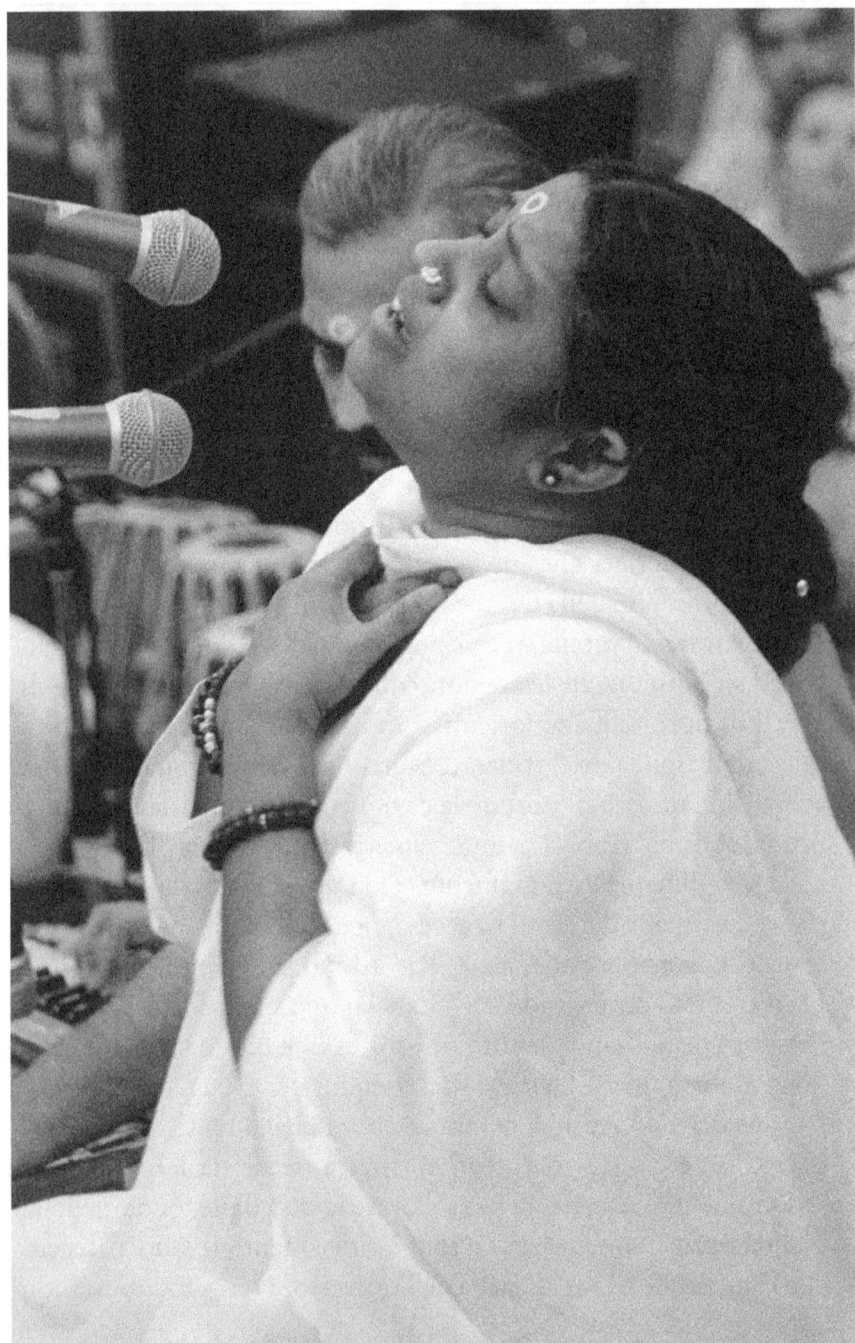

in America in quel preciso momento, squarciando il denso velo materialista con una forza straordinaria e senza nessuna fatica. Passò un'eternità prima che la stanza sembrasse stabilizzarsi e Amma facesse cenno di aprire le porte del tempio. Il fumo della canfora si levava in volute nell'aria, Amma irradiava un calore, una luce e un'energia indescrivibili, che non avevo mai visto prima di allora. Cominciò ad accogliere i primi devoti. Era come se tutta la terra si fosse aperta e Amma stesse evocando quell'energia primordiale dai più reconditi e remoti recessi dell'esistenza per portarla in America. Ricordo di aver pensato: "Credo che qui niente sarà più come prima".

Nel 1987 Amma diede il Devi Bhava nei luoghi più insoliti: sul Monte Shasta, in una yurta montata in mezzo a un pascolo sul versante della montagna, niente di meno che in una notte di luna piena! A Madison, in una sala di mungitura di fine Ottocento nel terreno di famiglia dei Lawrence; le case degli Schmidt, degli Hoffman e dei Ross-Lipscomb hanno tutte accolto la Devi che benediceva i devoti. Amma manifestava l'energia della Madre Divina senza alcun limite. I suoi figli l'avevano infine trovata e lei asciugava le loro lacrime senza limiti di tempo o di spazio.

IL MONTE SHASTA

Il Monte Shasta è la Tiruvannamalai della California: si tratta di una montagna vulcanica considerata sacra da molti e ritenuta la personificazione del Signore Shiva. Nel 1986, grazie a Larry Kelley, entrai in contatto con Susan Rajita Cappadocia, un'esuberante ragazza di venticinque anni, la mia stessa età. Sin dalla prima proiezione del video si era sentita in connessione con Amma e s'impegnò molto per accogliere il primo tour di Amma negli Stati Uniti nella sua città natale, Shasta.

La comunità "Morningstar" in cui viveva era situata sul crinale della montagna e offriva una vista mozzafiato. Fu lì che

Le sue braccia, il mio rifugio

si tennero i primi programmi diurni di darshan: sembrava che l'intera città di Shasta stesse recandosi in pellegrinaggio da Amma, seduta sulla sua beneamata montagna. Anche Amma ammirava la bellezza del posto indicando vari aspetti della natura che attiravano la sua attenzione. Al termine del programma, Amma fece una passeggiata attorno alla proprietà e notò una yurta, una tenda nomade circolare usata come riparo, situata in un bellissimo prato fiorito. Dopo aver controllato i dintorni e sbirciato nella curiosa struttura di tela, Amma dichiarò che l'indomani sera avrebbe svolto lì il Devi Bhava, durante la luna piena. Nell'ascoltare la traduzione di ciò che aveva appena annunciato Amma, i devoti furono al colmo della felicità.

L'indomani, per tutta la durata del darshan, ci dedicammo alla trasformazione della yurta in un tempio. Iniziammo con il preparare il posto: tagliammo gli arbusti con cura per fare spazio ai devoti, stendemmo dei teli per terra, predisponemmo all'ingresso della tenda un'area in cui i monaci avrebbero potuto cantare i bhajan. Arrotolammo circa metà della tela che copriva i lati della yurta e la fissammo alla struttura, in modo che da fuori fosse possibile vedere l'interno dello yurta-tempio. Decorammo le pareti con coloratissimi sari e allestimmo un raffinato altare dietro il pitham di Amma. Circa duecento persone parteciparono alla cerimonia di apertura e alcuni anni dopo Rajita scrisse: "Quando le tende si sono aperte, ho guardato Amma e ho visto una fiamma divina, il suo corpo vibrava come se al suo interno scorresse un fiume possente e impetuoso. Era estremamente potente".

Provai una gioia immensa vedendo le persone entrare in connessione con Amma in tutto il suo splendore. Ogni chilometro percorso, ogni pasto saltato, la fatica estenuante, perfino la perdita del mio visto, tutto era valso al ricongiungimento della Madre Divina con i suoi figli. Sin dall'inizio il mio istinto non si era

sbagliato: c'era una Madre Divina in questo mondo e i suoi figli la stavano incontrando!

LIMONATA VICINO AL FIUME

Lungo la strada che va verso nord da Santa Fe a Taos c'è un tratto molto pericoloso che fiancheggia il Rio Grande. La vicinanza col fiume è tale che in alcuni punti non c'è neanche lo spazio per accostarsi e cambiare una ruota. Eravamo nel bel mezzo di questo tratto di sedici chilometri quando Amma disse di avere molta sete. Riflettei per un attimo ma sapevo che non avremmo incontrato negozi né bar per chilometri. Amma ribadì che aveva sete, cosa potevamo fare? Mi accorsi allora che eravamo nei pressi della casa di Meadow, l'amica che tanti anni prima mi aveva parlato della "Madre Divina in India". Il ponte con la curva che portava alla sua proprietà mi comparve davanti agli occhi e col permesso di Amma uscii dall'autostrada.

Il ponte dev'essere menzionato perché era davvero vecchio, fatto di assi di legno, con sottili cavi d'acciaio che lo sostenevano, al di sopra di un fiume impetuoso: sembrava proprio pericolante. Sapevo che nonostante il suo aspetto poco rassicurante il ponte veniva controllato ogni stagione dall'ingegnere statale prima che auto e camion potessero circolarvi. Tuttavia, vedendo le condizioni del ponte, i monaci gridarono: "Fermati!" E così feci, pur continuando a spiegare che era sicuro. Mi proibirono di andare avanti, così parcheggiai il pulmino e percorremmo tutti il ponte a piedi con Amma.

Potete immaginare la sorpresa di Meadow, Ajna e Riversong nel vedere chi stava arrivando? Dal giardino Meadow ci corse incontro con le ragazze. Amma le abbracciò mentre le raccontavo che era stata Meadow a parlarmi di lei. Amma sorrideva tutto il tempo con aria consapevole. Come per caso, avevano appena preparato una grande brocca di limonata fredda. Portarono i bicchieri: sedemmo tutti in giardino godendoci il suono del fiume, ammirando la vista delle falesie colorate di La Baranca e assaporando la deliziosa e rinfrescante bevanda. Guardando Meadow e le sue figlie crogiolarsi beate nella presenza di Amma, compresi che le sue ripetute richieste di qualcosa di fresco da bere erano state solo un modo per guidarci in quel posto, così da esaudire la preghiera di Meadow: poter un giorno incontrare la Madre Divina in carne ed ossa. Nel corso degli anni ho capito che questo è il modo in cui Amma agisce. Anziché pronunciare frasi eclatanti che rivelerebbero la sua onniscienza, si comporta come se avesse bisogno di qualcosa di poco conto o trova pretesti per orchestrare situazioni che soddisfino l'innocente preghiera dei suoi figli, mascherando per tutto il tempo il suo vero potere. Anche nella vita di Krishna ci sono molte storie simili. In realtà, il fatto che Amma cerchi in ogni modo di nascondere la propria onniscienza è una prova della sua umiltà.

MOMENTI DIFFICILI

Tutto sommato, le cose andarono abbastanza bene durante il primo tour, tranne in alcuni casi. Ma i momenti difficili furono per me come delle pietre miliari, enormi prove che, ripensandoci, si sono rivelate tappe determinanti nel mio viaggio spirituale con Amma. Questi colossali errori mi hanno condotta a una maggiore consapevolezza sul sentiero spirituale e mi hanno costretta a correggermi di conseguenza.

Uno di questi momenti fu all'inizio del tour. Dennis e Bhakti Guest di Orinda ci avevano generosamente prestato un pulmino Westfalia Volkswagen per andare a Miranda e al Monte Shasta. Si trattava di un lungo viaggio dalla Bay Area a Miranda e avere un veicolo supplementare significava poter offrire ad Amma e agli altri un po' più di spazio. La strada da Miranda al Monte Shasta era splendida ma tortuosa. Il mio primo errore fu quello di non aver prestato abbastanza attenzione alla scelta del percorso. Il tragitto, che sulla carta era il più breve, fu una tortura per tutti. Più di tre ore di tortura. Tranne me che guidavo, tutti soffrivano di mal d'auto e sebbene desiderassimo all'unisono arrivare il più rapidamente possibile era impossibile accelerare su quella sinuosa strada secondaria a due corsie.

Man mano che i chilometri scorrevano lentamente, la mia angoscia aumentava, proporzionalmente all'intensificarsi degli scricchiolii sul retro del pulmino. Se solo avessi cercato con maggiore attenzione un itinerario più facile! Giurai a me stessa che da quel momento in poi avrei sempre consultato i devoti locali sul percorso da seguire. Per il momento non potevo fare altro che concentrarmi sulla strada davanti a me, tentando di guidare dolcemente su quel terreno sconosciuto. Ma il peggio doveva ancora venire.

Quando finalmente raggiungemmo la zona del Monte Shasta, imboccai l'uscita sbagliata, non avendo preso nota con esattezza delle indicazioni che mi avevano dato i devoti che avrebbero ospitato Amma. Gulp. Dire che avevo mancato di consapevolezza nell'organizzare questa parte del viaggio era poco! Ricordiamoci che non esistevano cellulari per una chiamata di emergenza. Feci un'inversione ripercorrendo la I-5 e, in qualche modo, mi ricordai che l'uscita era "Edgewood-Weed", non Monte Shasta. Dopo aver imboccato l'uscita, un'auto che veniva dalla direzione opposta cominciò a lampeggiarci: era un devoto della zona che ci aveva riconosciuti, per fortuna c'era almeno qualcuno che prestava attenzione! Accostai in un'area di sosta erbosa e aspettai che il devoto facesse inversione e ci raggiungesse.

A quel punto Amma iniziò a rimproverarmi: sapevo dove stavamo andando o no? Perché non ero stata più attenta nei preparativi? Non potevo dire niente, Amma aveva ragione. Non ero stata accorta, non avevo curato i dettagli. Quando Amma rimprovera uno dei suoi discepoli, le sue parole hanno un vero potere, il potere dell'universo. Possono scuoterti nell'intimo, lasciando una traccia profonda; si tratta di un atto intenzionale, c'è la volontà di lasciare un segno che trasformi la persona e la renda più vigile in futuro. *Sraddha*, la vigilanza, è indispensabile per un ricercatore spirituale. Senza di essa nessuno può progredire. Com'è possibile trasformare le proprie azioni, parole e pensieri negativi se innanzitutto non c'è l'attenzione sufficiente per notare la loro presenza? Sebbene capissi tutto questo, una parte di me non l'ammetteva e pensava: "Andiamo, non è colpa mia! Sono cose che capitano". Forse è proprio perché non accettavo completamente l'insegnamento di Amma che accadde ciò che accadde.

I devoti che avevano guidato nella corsia di emergenza mi facevano segno di seguirli. Feci retromarcia col pulmino quando all'improvviso udii "BANG"! Avevamo colpito qualcosa. Tutti gridarono, spensi il motore, accesi le quattro frecce e saltai giù per dare un'occhiata. Un palo di metallo alto un metro era nascosto nell'erba alta. Il paraurti posteriore aveva una grossa ammaccatura. Cosa ci faceva un palo lì? Non lo sapevo, ma l'immagine dell'impassibile paletto d'acciaio colpì nel segno: mente salda, progresso duraturo. Per lo meno avevo imparato da un palo di acciaio ciò che non ero stata capace di imparare dalla mia maestra! Quando risalii sul pulmino, Amma sorrideva, mi disse di non preoccuparmi: avevo fatto passare a tutti il mal d'auto!

Durante un viaggio può capitare di perdersi, ma prestare attenzione ai dettagli avrebbe evitato tutto questo. L'altra lezione che imparai fu di accettare tutto ciò che arriva, complimenti o critiche, con mente ferma. Avevo pregato ardentemente di raggiungere lo scopo della vita spirituale e perché questo potesse accadere dovevo perdere l'orgoglio e il senso dell'io. È un lavoro duro, senza dubbio, ma è il prezzo da pagare per raggiungere la meta. Non impareremo nulla se ogni volta che facciamo un guaio riceviamo delle caramelle.

Quando Amma vedeva un discepolo mancare di consapevolezza e non rimettersi in discussione anche dopo le sue osservazioni, faceva solo il suo dovere mostrandosi severa. Amma prende sul serio il suo ruolo di maestra: più aspiriamo a raggiungere lo scopo, più lei sarà rigorosa nell'estirpare le nostre negatività. Tuttavia, per cambiare il nostro carattere, anche noi dobbiamo svolgere il nostro ruolo di discepoli con altrettanto impegno, entusiasmo e sincerità. Se Amma ci fa notare che qualcosa dev'essere corretto, dobbiamo essere pronti a farlo, altrimenti stiamo sprecando il tempo di tutti.

Avevo l'impressione che lo stare con Amma facesse affiorare sia gli aspetti positivi che quelli negativi di una persona. La sua presenza può essere paragonata a dell'acqua versata in una bottiglia sporca: inizialmente esce lo sporco, solo dopo un po' tutta l'acqua è limpida. Questo processo può durare molto tempo, anche diverse vite: dipende da quanto è sporca la bottiglia. Dovremmo avere la grazia e la perspicacia per comprendere questo processo, confrontarci con le impurità ed eliminarle una volta per tutte.

Amma realizzerà lo scopo per il quale siamo andati da lei, ci guiderà verso la meta, controllando attentamente la mente vagabonda dei suoi studenti. Ma nel mio caso, proprio come succede agli allievi che hanno cattive abitudini e apprendono lentamente, occorreva un'altra grande scossa lungo il percorso per riuscire a centrare il segno.

E questo accadde nel Nuovo Messico. Amma era arrivata a Taos e il programma serale all'auditorium Harwood aveva attirato molta gente. Il posto in cui avremmo dovuto passare la notte si trovava fuori città, nella Taos Mesa, e la persona che aveva offerto ospitalità ad Amma e al gruppo in quel momento era via. Avevo delegato i preparativi della casa a una coppia del posto mentre io mi occupavo di organizzare il programma della sera. Tuttavia, quando arrivammo a notte inoltrata e dopo molte ore di darshan, fu chiaro che la casa non era pronta. Per me quella notte doveva essere la peggiore di tutto il tour.

Al nostro arrivo nessuno ci accolse, la casa era chiusa e buia. Mi chiesi se ero finita nel posto sbagliato... ma no, ecco arrivare dal vialetto d'ingresso la coppia a cui avevo affidato l'organizzazione. Il sollievo fu però di breve durata: appena ci accompagnarono all'interno, diedi un'occhiata alla cucina. C'erano piatti sporchi nel lavello. Mentre mostravano la camera ad Amma, rabbrividii nel vedere che i letti erano ancora in disordine. La casa non era pronta a ricevere un comune ospite, figuriamoci la Madre Divina! Non che ad Amma importasse minimamente di queste cose, ma ero mortificata di aver completamente trascurato il mio dovere di verificare che la casa fosse pronta. Nulla era al suo posto, neppure le cose più elementari, ma alle tre del mattino non si poteva più fare niente. Amma accettò quell'esperienza senza alcun commento, sedette per leggere la corrispondenza e cenare.

Poteva vedere che stavo prendendo coscienza di quello che era accaduto e capiva che i rimproveri erano inutili, avevo già imparato la lezione. Sapere che la mia negligenza aveva praticamente lasciato Amma in mezzo alla strada mi risultava insopportabile. Ma la giovane donna che allora viaggiava con Amma e che poi la lasciò, fu implacabile. Devo ammettere che sebbene piena di rimorsi, nell'ascoltare le sue parole pungenti dovetti trattenermi dal dirle: "Sto facendo del mio meglio".

La buona notizia è che questa situazione non si ripeté mai più. La cattiva notizia è che il giorno seguente fu necessario fare alcune scelte che resero la lezione ancora più incisiva. Dopo aver lasciato questa casa sporca e poco confortevole, guidammo fino a un luogo incantevole sulle montagne Lama, a nord di Taos, lontane circa venticinque chilometri. Per lo meno la strada non era tortuosa, ma era lunga. Molti devoti arrivarono da Santa Fe e dal Colorado solo per partecipare al programma sulle montagne Lama, rinomate per la loro tranquillità e per il fatto che un maestro sufi aveva insegnato lì e vi era stato sepolto.

Ancora scossa dal disastro della notte precedente, mi misi in contatto con un'amica, Rita Sutcliffe, per sapere se la sua casa era disponibile al termine del programma del mattino in modo che Amma potesse riposare. Acconsentì di cuore e tornò a casa, perdendosi il magnifico programma di darshan per assicurarsi che tutto fosse perfetto per Amma e il gruppo. Contenta di non ripetere il fiasco della notte precedente, non mi accorsi che gestire le cose senza consultare Amma avrebbe creato più tardi un problema ancora più grande. In quel momento avrei dovuto avvertirla che si stava preparando per lei un'altra casa in città, vicino al luogo in cui si sarebbe svolto il programma serale. Ma non lo feci perché credevo di avere la situazione sotto controllo, certa che non ci fossero problemi.

Intorno a mezzogiorno, mentre ancora molte persone aspettavano di ricevere il darshan, un uomo si avvicinò a me. Si presentò come Richard Schiffman e mi disse che Amma aveva acconsentito ad andare da lui, in cima alla montagna, prima del programma serale. Sapevo che Rita stava preparando la sua casa per ospitare Amma ma gli feci comunque qualche domanda sul posto in cui viveva, più che altro per gentilezza. Rispose che si trattava di un piccolo rustico sulla montagna, senza acqua corrente, raggiungibile in circa venti minuti percorrendo una strada sterrata. Accidenti! Non avrei mai accompagnato Amma e il gruppo in un posto del genere dopo quello che era successo la notte prima! Gli spiegai che era già stato preparato un altro posto e non era quindi possibile portare Amma a casa sua. Errore numero due: avrei dovuto chiedere ad Amma cosa aveva promesso a Richard.

Il programma del mattino terminò e imboccammo la strada verso le montagne Lama per poi svoltare e prendere l'autostrada diretti a sud. Non avevamo percorso neppure due chilometri quando Amma chiese dove eravamo diretti. Quando le comunicai i nuovi programmi, mi chiese perché non stavamo andando a casa di Richard e se non ero stata informata che Amma desiderava riposare in quella casa. Le dissi di sì ma che, poiché non aveva acqua corrente ed era a venti minuti di strada sterrata nella direzione opposta, avevo deciso che la casa di città era la scelta migliore. Il monaco adesso conosciuto come Swami Poornamritananda, che aveva tradotto fino a quel momento, fece una pausa: "Che cosa hai fatto, Kusuma?", mi chiese dolcemente. Ripetei, pensando che non mi avesse sentito bene; lui rimase silenzioso, non volendo tradurre quel gesto sconsiderato.

Amma non aveva bisogno della traduzione per capire cos'era successo e il silenzio della notte precedente sarebbe stato adesso un balsamo rispetto alla lavata di capo che ricevetti. Nella fretta di riparare all'errore della notte prima, ne avevo commesso uno più grande: avevo dimenticato che ciò che preme ad Amma è la crescita spirituale, la mia e quella di tutti gli altri. Sapevo bene che lo scopo della vita accanto al Guru è quello di trascendere il proprio ego e il senso dell'io come individuo limitato e che questo non avviene prendendo decisioni per il Guru...

Peggio ancora, Amma aveva promesso a Richard che avrebbe visitato casa sua e adesso, con il mio comportamento insensato, le avevo impedito di soddisfare il desiderio di quel devoto. Amma aveva dato la sua parola e io l'avevo fermata. Doveva mostrarmi con chiarezza ciò che avevo fatto. Se avessi persistito con quell'atteggiamento avrei creato sempre più problemi a me e agli altri: Amma stava per stroncare sul nascere quell'inclinazione.

In un certo senso fu un vantaggio che io stessi guidando in quel momento perché, se fossi stata seduta vicino ad Amma e l'avessi guardata, penso che sarei morta. La lezione mi colpì come una palla di cannone. Amma dichiarò che non avrebbe più continuato il tour con me alla guida e che qualcun altro avrebbe dovuto prendere il mio posto. Nessuno osò respirare. Quando arrivammo alla casa, i devoti corsero incontro ad Amma con sorrisi innocenti e una bella ghirlanda. Uno dei monaci uscì dal pulmino e spiegò che Amma sarebbe scese a breve, non appena terminata una discussione.

Strisciai fuori dal sedile dell'autista e, in piedi dinanzi a lei, la implorai di perdonarmi. Apprezzavo la sincerità di Amma nel ruolo di Guru e speravo di diventare un'allieva più ricettiva. Se stiamo affogando nel mare e il bagnino viene a salvarci, che senso ha salire sulle sue spalle e gridare: "Qualcuno mi aiuti!". Abbandoniamoci a lui e lasciamo che ci porti a riva. Amma mi stava salvando e il minimo che potessi fare era lasciarmi salvare! Giurai solennemente di chiedere il parere di Amma su tutti i dettagli relativi all'organizzazione del tour, soprattutto se qualcuno fosse venuto da me dicendo che Amma aveva accettato un invito a casa sua.

La collera di un vero maestro come Amma è stata paragonata a una corda bruciata: sembra robusta ma se la tocchi si riduce in cenere. Molte volte l'avevo vista apparentemente in collera e un attimo dopo radiosa e sorridente, oppure rimproverare severamente un discepolo per poi osservarlo con sguardi amorevoli e preoccupati non appena si voltava per andarsene. Perfino in quei giorni, sebbene avessi trascorso solo pochi anni con Amma, sapevo che lei non è mai veramente arrabbiata ma che mostra di esserlo per il bene dei suoi discepoli. Quando vuole che si rendano conto di aver sbagliato fa in modo che se ne accorgano. Ma non si sofferma troppo a lungo sulle cose: una volta che la lezione è stata imparata, o almeno ricevuta senza alcuna resistenza interiore, tutto finisce lì, la sua collera apparente svanisce proprio come la fiamma di una candela spenta da un soffio di vento. L'ira di Amma può sembrare terribile ma una madre non deve rimproverare i suoi figli per renderli vigili e consapevoli affinché non compiano errori più gravi in futuro? Di fatto i rimproveri di Amma, ammorbiditi dal suo amore materno, hanno creato un gruppo di discepoli di lunga data con i piedi per terra, disponibili e consapevoli dei propri limiti, capaci di ridere di loro stessi anche dopo tutti questi anni.

MOMENTI IMPORTANTI SULLE ROCCE DEL SUD

In qualche modo trovai la forza per proseguire il tour. Avevo un'altra scelta? Non potevo fossilizzarmi sui miei errori, l'importante era non ripeterli. Pregavo di poter riuscire a ringraziare Amma quando mi avesse indicato i difetti da migliorare e di non resistere ai suoi insegnamenti. Ma non era facile. L'ego è un ospite difficile da scacciare una volta che si è comodamente installato!

La giovane donna che in seguito lasciò l'ashram era nota per il suo intenso amore per Amma, la sua dedizione e inclinazione al sacrificio. Eppure chi la conosceva bene era dolorosamente consapevole della sua immaturità emotiva, delle critiche ingiustificate verso gli altri e della sua lingua tagliente. Aveva un carattere ostinato, incapace di accettare qualsiasi appunto sui suoi difetti e sembrava riluttante a percorrere le fasi necessarie alla sua evoluzione. Era uno strano connubio di intransigenza e devozione. Ma perché resistere al cambiamento? Non volevo diventare come lei, sarebbe solo stato d'ostacolo al mio progresso nel cammino. Oltretutto, continuare a commettere gli stessi errori era doloroso e imbarazzante.

A CASA DI HANUMAN

Una tappa non programmata bastò a farmi tornare in carreggiata. Poiché eravamo ancora nei dintorni di Taos, avevo parlato di alcuni luoghi speciali della zona, il tempio di Hanuman era quello che preferivo. Amma si mostrò molto interessata e insistette perché facessimo una deviazione e andassimo a porgere i nostri omaggi ad Hanuman, il più grande devoto del Signore. Così guidammo fino al tempio e parcheggiammo con discrezione. Amma entrò nel santuario e si sedette tranquillamente al centro della stanza. La *murti* (statua della divinità) di marmo bianco proveniva da Jaipur e rappresentava Hanuman in volo con una mazza sulla spalla e in mano l'anello del Signore Rama. Il viso di Hanuman emanava devozione e pace. Seduta, Amma osservava il suo volto con evidente piacere. Magnificamente esposta sul grande altare e ricoperta di fiori, oggetti di ottone per la *puja*, candele accese e ciotole di *prasad*, l'enorme statua di due tonnellate era un capolavoro. In qualche modo si era sparsa la voce e i devoti cominciarono ad arrivare dal nulla. I monaci portarono l'harmonium e il *mridangam* (tamburo a due facce) e Amma cominciò a cantare "Sri Rama Jaya Rama", seguito da "Sita Ram Bol" e concluse la serie con "Mano Buddhyahamkara". Amma diede il darshan a una trentina di fortunati che si trovavano lì e se ne andò silenziosamente com'era arrivata.

IL FASCINO DI SANTA FE

La famiglia Schmidt era stata meravigliosa fin dal primo momento in cui l'avevo incontrata per organizzare la prima proiezione del video "Un giorno con la Madre", nel 1986. Steve era un famoso avvocato e Cathy (adesso Amrita Priya) un'insegnante di musica: due delle persone più concrete, piacevoli e lavoratrici che abbia mai incontrato. I loro bambini, Sanjay e Devi, erano molto carini e curiosi. La loro casa di mattoni, annidata sulle colline della riserva naturale di Santa Fe, aveva una sala di meditazione che poteva accogliere facilmente una ventina di persone. Percepii subito l'energia piena di pace di quel luogo, avevano praticato molta meditazione. Era la stessa famiglia che mi aveva contattata quando ero a Boston, appena prima del pre-tour, per fare una generosa donazione.

Non fui affatto sorpresa quando un mattino vidi che Amma cominciava a guardare ogni camera della casa, segno rivelatore che qualcosa di cosmico stava per accadere. Ci chiamò tutti nel grande salone, chiedendoci se fosse possibile appendere una tenda in modo da creare lo spazio per un piccolo tempio. I volti di Steve e Cathy erano raggianti.

Ci mettemmo subito all'opera: togliemmo dalla mensola sul caminetto la vasta collezione di bambole Kachina, sgombrammo la sala dei mobili e scegliemmo la sedia perfetta su cui si sarebbe seduta Amma. Il passaparola funzionò e la notte successiva dovemmo gestire al contempo i posti per il parcheggio e quelli a sedere, tanta era la folla che aveva invaso la casa! Ricordo di aver osservato la reazione di Steve in diversi momenti della serata: pareva sempre più meravigliato e beato. Cathy era una padrona di casa gentilissima, sempre a servizio dei devoti, pronta a soddisfare anche i loro più piccoli desideri, e così continua a essere ancora oggi

Nel giro di pochi anni la loro proprietà divenne la sede del "Amma Center New Mexico" ed è tuttora uno degli ashram di Amma all'estero conosciuto per i suoi progetti di servizio a lungo termine, come nutrire i senzatetto grazie alla 'Cucina di Amma' e insegnare la meditazione nelle carceri. Come l'ashram di San Ramon, anche il Santa Fe Amma Center ha un legame molto stretto con Madre Natura, che si esprime attraverso la cura di orti biologici e di una serra solare, e con l'organizzazione di corsi per insegnare alla comunità a coltivare ortaggi in un ecosistema desertico di alta montagna.

SOLSTIZIO D'ESTATE 1987

Per il 21 giugno era stato organizzato un programma speciale su un prato lungo il fiume Pot Creek, a est di Taos. La proprietà apparteneva a Jameson Wells, un artista locale che aveva ricavato da una roccia di granito nero una statua a quattro facce raffigurante la dea Kali. Il programma era stato annunciato come la "Celebrazione della Madre Divina nel giorno del solstizio" e noi avevamo dipinto di bianco sette tavolette quadrate, disegnandovi un triangolo rosso con al centro un punto come simbolo dei sette *chakra* (centri energetici nel corpo). Le allineammo a terra ai piedi della statua. La famiglia aveva installato una tenda gialla e bianca per offrire un po' d'ombra ma c'erano così tante persone che non era possibile sfuggire al sole cocente di mezzogiorno.

Amma non era soddisfatta della disposizione dei sette chakra, chiese a tutti di assieparsi sotto la tenda e di visualizzare interiormente la Madre Divina. A quel tempo non lo sapevo, ma questo fu l'inizio della Devi Puja (rituale di adorazione della Madre Divina), diventata poi Atma Puja (rituale di adorazione del Sé), che precede ancora oggi tutti i darshan di Devi Bhava all'estero. Amma s'intrattenne con i monaci per qualche istante, mentre i devoti tentavano di sistemarsi sotto la tettoia come meglio potevano. Amma spiegò che avremmo recitato i 108 Nomi della Devi nello stile tradizionale, a due voci. Ci chiese di eseguire l'adorazione mentalmente e disse che, se praticata con la giusta attitudine di abbandono ed entusiasmo, la *manasa puja* (adorazione mentale) può essere perfino più potente di quella esteriore. Il monaco avrebbe recitato il primo nome e noi avremmo risposto *"Om Para Shaktyai namah"* (M'inchino all'Energia Suprema nella forma della Madre Divina) facendo con la mano destra il gesto di cogliere un fiore dal nostro cuore per offrirlo alla Devi. Lo scopo era quello di immaginare di offrire il proprio cuore al Divino. Amma aggiunse che chi non voleva visualizzare la Madre

Divina poteva immaginare un ideale, ad esempio la pace nel mondo, o Madre Natura. "Credete nel vostro Sé e andate avanti nel cammino", ripeteva sempre Amma.

Tutti avevano prestato grande attenzione alla traduzione ed eseguimmo la cerimonia insieme, con Amma che guidava la risposta 'Om Para Shaktyai namah' e l'offerta del loto del cuore. Era poetico, spontaneo e chiaro: quando la cerimonia volse al termine regnava un'atmosfera soprannaturale. Nessuno aveva mai sperimentato niente di simile, neppure io! Poi Amma cantò alcuni bhajan – "Kali Durge Namo Nama", "Para Shakti, Param Jyoti" – e diede il darshan a tutti. L'intero pomeriggio trascorse nella beatitudine e presto giunse l'ora di congedarsi da quel piacevole raduno di devoti, molti dei quali avrebbero seguito Amma a Madison pochi giorni dopo.

MADISON LA MAGNIFICA

I memorabili momenti del pre-tour a Madison avevano preparato il terreno per lo straordinario programma di Amma che si svolse quel primo anno. Quando andammo dai Lawrence, nella loro fattoria di 24 ettari tra le colline boscose appena fuori da Madison, ci parve di incontrare dei vecchi amici. Ed erano veramente dei vecchi amici: Barbara Lawrence era stata la prima insegnante di hatha yoga di Swami Paramatmananda e gli aveva dato la sua prima copia della Bhagavad Gita, più di vent'anni prima. Sua figlia Rasya, che oggi vive in India con Amma, ricorda che sua madre diceva a proposito di questo giovane allievo di yoga: "Diventerà un buon monaco".

I loro campi erano seminati a erba medica e Amma sottolineò la maestosa bellezza degli aceri. La sala di mungitura di fine Ottocento dei Lawrence si sarebbe trasformata pochi giorni dopo in un tempio per il Devi Bhava di Amma. Quando vennero aperte le porte della stalla, dopo che decine di nuovi devoti l'avevano pulita a fondo, l'incredibile bellezza della scenografia del Devi Bhava rivaleggiava con quella degli splendidi aceri.

Mary La Mar e Michael Price, anch'essi di Madison, accolsero Amma nella loro grande casa per una magnifica giornata di darshan. Questa era l'altra famiglia che mi aveva contattata a Boston per una donazione durante il momento di crisi del pre-tour. Di natura cordiale e amichevole, prendendosi cura di tutti i bisogni delle persone che venivano per incontrare Amma, Michael e Mary incarnarono alla perfezione l'ideale di ospitalità del Midwest.

Il torrente di amore che scorreva durante la sosta in questa "terra d'amore" mi riempì più volte gli occhi di lacrime. La comunità sufi ospitò uno dei programmi serali di Amma al "Gates of Heaven" e ricordo ancora il gruppo 'Jaya' suonare con tutto il cuore. Uno dei bambini di una famiglia che aveva assistito alla prima proiezione del video nel 1986 aveva otto anni all'epoca: Vinay risiede ora all'ashram di Amma in India da molti anni e dedica tutto il suo tempo e la sua energia creativa a "Embracing the World", l'organizzazione che coordina la vasta rete di attività caritatevoli di Amma nel mondo.

MOMENTI FINALI DEL PRIMO TOUR NEGLI STATI UNITI

Ci sarebbero ancora molte storie da raccontare sul primo tour degli Stati Uniti ma le conserverò per un altro libro. La costante melodia di sottofondo era la gioia di Amma con i suoi figli, la profonda bellezza che aveva portato nella loro vita trasformò molte persone. Era quasi giunto il momento per Amma di volare a Parigi e completare l'ultima parte del primo tour del mondo. L'ultima tappa del tour americano fu nel Connecticut, dai Devan. Questa tappa fu estremamente dolorosa per me. Avevo organizzato il tour con un budget molto limitato, avevo provveduto a ogni necessità ma adesso non restava più un soldo e non avevo il visto per tornare in India. Amma mi incoraggiava a proseguire il tour in Europa ma sapevo che era impossibile.

Il mattino seguente spiegai a uno dei monaci che avrei dovuto trovare un lavoro da qualche parte per ripagare i debiti come promesso e che avevo dovuto annullare il mio visto di lunga durata in India per tornare e organizzare il tour degli Stati Uniti. Nel trambusto del tour, non avevo avuto il tempo di raccontare ad Amma tutti questi dettagli. Peraltro era una vicenda che mi demoralizzava un po'. Il modo in cui erano andate le cose derivava da una mia scelta consapevole, di buon grado mi ero sacrificata per rendere possibile il tour. La mia ricompensa era vedere Amma con i suoi figli. Perché preoccuparsi adesso? Ero sicura che entro sei mesi sarei tornata da Amma in India. Nel frattempo c'erano tantissime cose da fare per organizzare il tour dell'anno seguente, che Amma aveva già confermato ai devoti.

Quando Amma venne a sapere dai monaci cos'era successo, ebbe un'altra idea. Mi chiamò e m'invitò a sedere tranquillamente con lei. Mi chiese di condividere la mia storia con il gruppetto di devoti rimasti per trascorrere gli ultimi due giorni con Amma. Disse che per me era importante raccontarla e che poi sarebbe accaduto quello che doveva accadere. E così feci. Ci riunimmo in un piccolo cerchio e cominciai. Dissi quanto era stato importante per me portare Amma dai suoi figli, come la mia vita era incredibilmente cambiata da quando l'avevo incontrata e come desideravo che fosse lo stesso per gli altri. Permettendo ad Amma di venire in America, il mio impegno nella vita spirituale si era intensificato e avevo visto quanto fosse importante che un Maestro Realizzato venisse per guidarci alla Verità. Parlai al massimo per dieci o quindici minuti, tenendo lo sguardo basso tutto il tempo. Non avrei potuto sostenere la reazione dei presenti. Quando ebbi finito, mi inchinai a tutti e feci per andare via. Notai che molti di loro si asciugavano e lacrime. Mi invitarono subito nelle loro case nella Bay Area e mi promisero che mi avrebbero aiutata in qualunque modo. Desideravano partecipare all'organizzazione del prossimo tour ed erano pronti a cominciare in qualsiasi momento.

Uno dei devoti uscì per organizzare subito il mio viaggio di ritorno assieme alla sua famiglia.

Quando andai in camera sua per raccontarle cos'era accaduto, Amma mi stava aspettando perché le servissi il pasto. Avevo un'aria triste e lei osservò maliziosa: "Perché così triste?"

"Perché Amma se ne sta andando", risposi.

E lei subito ribatté: "Dove?"

Amma dice sempre che dove c'è Amore non c'è distanza. Avevo sperimentato profondamente questa verità ma in quel momento, vedendo Amma volare via senza sapere quando l'avrei "vista" di nuovo, mi sentivo disperata.

CAPITOLO 8

Seguendo la corrente...

Ebbi la possibilità di tornare in India molto prima di quanto pensassi. Dopo la partenza di Amma per l'Europa, presi un volo di ritorno per la Bay Area con alcuni devoti. Volevo saldare il più velocemente possibile i debiti e passare la maggior parte del tempo con gli altri per restare nell'atmosfera creata da Amma in tour.

Fondammo il primo gruppo di satsang del M. A. Center, che si riuniva ogni settimana nella casa di Hari Sudha (Tina) a Berkeley. L'incontro cominciava con la proiezione di un video sul recente tour di Amma, seguito dalla recitazione dei 108 Nomi della Madre Divina (scelti dal Lalita Sahasranama) che avevamo recitato tutta l'estate con Amma; cantavamo poi dei bhajan per circa un'ora e terminavamo con quindici minuti di meditazione silenziosa. Cenavamo condividendo le pietanze che ognuno aveva portato e restavamo insieme fino a tardi per ascoltare storie su Amma e fare domande.

Per partecipare al satsang settimanale di Berkeley, i devoti venivano da tutte le parti della Bay Area e a volte mi invitavano a tenere dei satsang nelle loro case, a Marin, Orinda, South Bay o San Francisco. Era un periodo di spontaneità e grande entusiasmo, tutti volevano dare una mano per essere sicuri che Amma sarebbe tornata l'anno dopo. In breve tempo, in tutti questi luoghi nacquero dei gruppi di satsang con incontri settimanali.

Non ebbi bisogno di trovare un lavoro perché alcuni devoti, che vollero rimanere anonimi, saldarono i miei debiti. Mi fu offerto anche un biglietto aereo per l'India e, dato che tutto questo non era che un'espressione della grazia di Amma, accettai con riconoscenza. A metà agosto avevo raggiunto Amma. La sadhana e la mia comoda capanna vicino al Kalari mi accolsero come vecchi amici al ritorno a casa.

CELEBRAZIONE DEL 34° COMPLEANNO DI AMMA

In India la tradizione vuole che il compleanno di qualcuno venga celebrato nel mese della sua stella natale. Così quell'anno il trentaquattresimo compleanno di Amma fu festeggiato il 10 ottobre. La stella natale di Amma, Kartika, brillava in cielo e la sala di preghiera del recente tempio di Kali era gremita di migliaia di devoti, proprio come Amma aveva previsto quando, nei primi mesi del 1986, ne aveva avviato la costruzione. Come faceva a saperlo? Questo dettaglio mi ha sempre incuriosita. Durante la *pada puja* (rituale abluzione dei piedi del Guru) furono recitati per la prima volta i "Mata Amritanandamayi Astottara Sata Namavali" (108 Nomi di Amma), composti dall'insigne poeta Ottur Namboodiri, anziano residente dell'ashram che aveva sempre vissuto come *brahmacharin* (chi pratica il celibato e dedica la sua vita alla spiritualità, N.d.T.). Quel giorno segnò l'inizio di una nuova era per Amma e i suoi figli. Potevamo avvertire il cambiamento rispetto alla solitudine dei primi anni: benché Amma rimanesse la stessa anima pura di sempre, dedita a prendersi cura dei devoti e a diffondere pace e gioia tra le persone che incontrava, ora era più che mai la Madre del mondo.

IN TOUR CON AMMA

Amma e il crescente numero di residenti dell'ashram cominciarono a viaggiare sempre più spesso in India, recandosi in tutto il Kerala e nel Tamil Nadu. Il pulmino era diventato troppo piccolo e ci venne donato un bus più grande. A novembre andammo per la prima volta a Mumbai. Sedendo dietro di lei, osservavo silenziosamente, ora dopo ora, giorno dopo giorno, gli effetti della sua divina presenza, che infondeva bellezza nei volti di chi riceveva il suo abbraccio. E mi meravigliavo di quanta energia avesse. Al termine dei programmi, Amma si dirigeva subito verso la camera che le avevano preparato per leggere la corrispondenza, incontrare gli organizzatori locali o dare consigli agli ashramiti che avevano bisogno di essere guidati. La sua allegria era costante e infinita. Ognuno di noi aiutava nel suo piccolo, ma nessuno riusciva a tenere il passo con lei. Seduta accanto ad Amma per ore, agitando il ventaglio se faceva caldo, tentavo di convincerla a bere un po' d'acqua e tenevo pronto un asciugamano pulito per il suo viso. Alla fine del darshan, durato tutto il giorno, io sarei andata volentieri a riposare, mentre Amma saltava in macchina e, per soddisfare le richieste di alcuni devoti, andava a visitare una decina di case, tutto questo fino all'alba. Senza sosta suscitava risate e allegria, senza però trascurare di osservare la mente dei discepoli, pronta a correggere ogni loro errore. Amma era un oceano di compassione, sia sul palco che fuori.

Tutti i programmi in India erano ben organizzati e tante persone ebbero la possibilità di incontrare Amma per la prima volta. Osservandola dare istruzioni agli organizzatori locali, imparai a fare attenzione a molti dettagli: accettare sempre un'offerta d'aiuto, non respingere mai nessuno, accogliere sempre i nuovi arrivati con un sorriso, assicurarsi che tutti mangiassero e avessero un posto in cui riposare. Al nostro ritorno in Kerala, molti più devoti vennero in pellegrinaggio all'ashram e, appena furono pronte, tutte le stanze del tempio di Kali vennero occupate.

INTROSPEZIONE

Ero arrivata in India con un visto turistico di tre mesi e a novembre avrei dovuto chiedere un'estensione di altri tre mesi, a quei tempi consentita. Potevo solo sperare che l'Ufficio Registrazione Stranieri mi avesse perdonata e che io fossi ancora nelle loro grazie, non potevo sopportare l'idea di dovermene andare dopo novanta giorni. Consideravo così ogni giorno come un dono e non davo niente per scontato.

Ogni sera dedicavo un po' di tempo all'introspezione e cercavo di vedere i miei difetti. Ero stata paziente, ero stata gentile? Avevo avuto abbastanza consapevolezza e recitato costantemente il mantra? Proprio queste erano state le difficoltà che avevo incontrato durante il tour. Avevo recitato l'archana con il giusto atteggiamento? Se non era stato così, la ripetevo prima di coricarmi. Avevo aiutato qualcuno, anche nel mio piccolo? Mi ero ricordata di Madre Terra e avevo fatto qualcosa per lei? Il mio cuore si era avvicinato ad Amma quel giorno? Questi erano stati gli insegnamenti che Amma mi aveva trasmesso durante il tour e che consideravo importanti come bere acqua.

La giovane donna che adesso non vive più all'ashram sembrava gelosa di me ma io cercavo sempre di non rimanerne influenzata. Servire era per me un'offerta d'amore e mi sforzavo sinceramente di agire senza alimentare il mio orgoglio. Non volevo inimicarmela perché avevo notato come potesse rendere la vita difficile alle persone per cui non aveva simpatia, impedendo loro di avvicinarsi ad Amma. Collera, gelosia, orgoglio e giudizio affiorano inevitabilmente in presenza di Amma perché sono proprio le tendenze negative che stiamo cercando di eliminare! Praticare l'introspezione mi aiutava a prendere coscienza della mia parte di responsabilità nelle situazioni e a correggerle. Quando raccontai ad Amma ciò che stava accadendo, mi disse che il mio dovere era quello di migliorarmi e che non dovevo badare al comportamento altrui. Fu molto chiara su questo punto.

Per descrivere le situazioni in cui ci troviamo quando cerchiamo di raggiungere la meta vivendo in una comunità spirituale, Amma usa spesso la metafora delle pietre in un tamburo rotante. Gli angoli spigolosi di una pietra cozzano contro quelli taglienti delle altre e, a forza di girare nel tamburo, ogni pietra finisce per diventare perfettamente liscia.

UN NUOVO SEVA

Amma mi aveva assegnato un nuovo seva: non mi occupavo più della cucina ma della revisione delle pubblicazioni in inglese. Il primo libro fu *Mata Amritanandamayi: biografia*, seguito da *Per i miei figli*, una raccolta di insegnamenti di Amma raggruppati per argomenti. Collaborai anche alla revisione di *Sul cammino della libertà*, di Swami Paramatmananda. Inviavo inoltre ogni mese ai devoti del M. A. Center degli articoli per la newsletter *Amritanandam* e la copertina del nuovo numero con la foto di Amma, perché li fotocopiassero e li inoltrassero alle centinaia di abbonati. Per scrivere gli articoli, chiesi ad Amma il permesso di farle alcune domande e di registrare le risposte. Acconsentì. Ogni numero era pregno di saggezza, dolcezza e humour. Quando si parlava di saggezza spirituale, Amma era puro satsang, le sue parole prendevano forma immediatamente, senza sforzo. Non c'erano intermediari, solo Amma in tutta la sua purezza, ed è così ancora oggi.

LA SERIE "AMRITANJALI"

La registrazione di tutti i bhajan si svolse in uno studio improvvisato, allestito nella casetta che un devoto olandese aveva costruito vicino all'entrata settentrionale dell'ashram, dove oggi si trova la clinica ayurvedica Vishuddhi. La sala fu insonorizzata nel miglior modo possibile, i registratori a bobine furono collocati nella stanza accanto. Anche in quei giorni, quando Amma sedeva per registrare, la sessione poteva protrarsi per una o addirittura due settimane! Lei e l'intero ashram erano completamente assorbiti da questo compito. Dopo ore ed ore trascorse seduti a cantare con Amma, l'atmosfera era incredibilmente carica di energia. In tre anni furono incisi dieci volumi di bhajan della serie originale di Amritanjali. È difficile immaginare che tra il 1988 e il 2012 Amma abbia registrato più di mille canti in trentacinque lingue!

Grazie alla vendita delle cassette, Amma poté avviare diversi progetti a favore degli indigenti e dei bisognosi, ai quali ha dedicato tutta la sua vita. Le bellissime registrazioni dei canti di Amma e degli ashramiti permettevano ai devoti lontani di ascoltare questi potenti bhajan e di ricevere gli insegnamenti contenuti nei testi, che ricordavano a ognuno la via per raggiungere la meta. Poco importava chi li avesse composti, il ricavato era devoluto ai progetti caritatevoli: un dispensario di medicine gratuito, un ambulatorio per l'assistenza sanitaria di base, borse di studio per studenti bisognosi e la presa in carico di un orfanotrofio con cinquecento bambini che aveva fatto bancarotta in una città vicina.

CANTANDO LA MIA CANZONE

Nuovi canti nascevano senza sosta, l'atmosfera dell'ashram favoriva talmente la loro composizione che questo flusso di musica scorreva ininterrottamente. Di tanto in tanto continuavo a scrivere delle canzoni, ma ero troppo timida per cantarle. Una sera, al termine dei bhajan nel Kalari, Amma si alzò per fare un giro. Mentre si allontanava, chiese a ognuno di noi di cantare; quando venne il mio turno, mi piegai verso la persona che suonava l'harmonium e sussurrai: "Iswari Jagad Iswari". Era la prima volta che cantavo in pubblico dopo il mio debutto con "Rain, rain, go away" molti anni prima. Quando iniziarono le prime note, mi concentrai e cantai con tutta la devozione e la concentrazione possibile.

Avevo cantato così spesso quel bhajan mentre viaggiavo per organizzare i tour del mondo che le prime cinque strofe erano impresse nella mia memoria. Tutti ripetevano il ritornello e io intonavo da sola i versi. Che momento di grazia cantare un bhajan di Amma! Anni dopo, venni a sapere che in quel momento lei era seduta sulla soglia della casa della sua famiglia e aveva chiesto: "Chi sta cantando?". La persona accanto a lei aveva risposto: "Kusuma" e Amma aveva così replicato: "Ma mi avevi detto che non sapeva cantare!"

Iswari jagad-iswari paripalaki karunakari
sasvata mukti dayaki mama
khedamokke ozhikkanne

O Dea, o Dea dell'universo,
o Protettrice
che doni la grazia e la liberazione eterna,
Ti prego, liberami da ogni mia sofferenza...

ORGANIZZAZIONE DEL TOUR AMERICANO DEL 1988

A febbraio tornai negli Stati Uniti per preparare il secondo tour estivo di Amma. Oltre alle dodici città e villaggi già in programma, Amma aveva accettato l'invito a recarsi in due nuove località: Boulder, in Colorado, dove viveva la sorella di Swami Paramatmananda, e Temple, nel New Hampshire, dove una famiglia di devoti (Jani e Ganganath McGill) gestiva un centro di guarigione. Amma aveva accolto il mio suggerimento di tenere in alcuni posti dei ritiri di meditazione e il programma era piuttosto impegnativo da organizzare. Sebbene non fosse più necessario un pre-tour, mi sarei comunque recata in anticipo in ogni posto per incontrare i devoti e organizzare il tour degli Stati Uniti del 1988. Avrei visitato con i devoti le sale dei programmi e gli eventuali luoghi per i ritiri. Che cambiamento aveva provocato in ognuno un anno con Amma! Sapendo cosa avrebbe significato una sua seconda visita, condividevamo tutti lo stesso scopo e lo stesso entusiasmo.

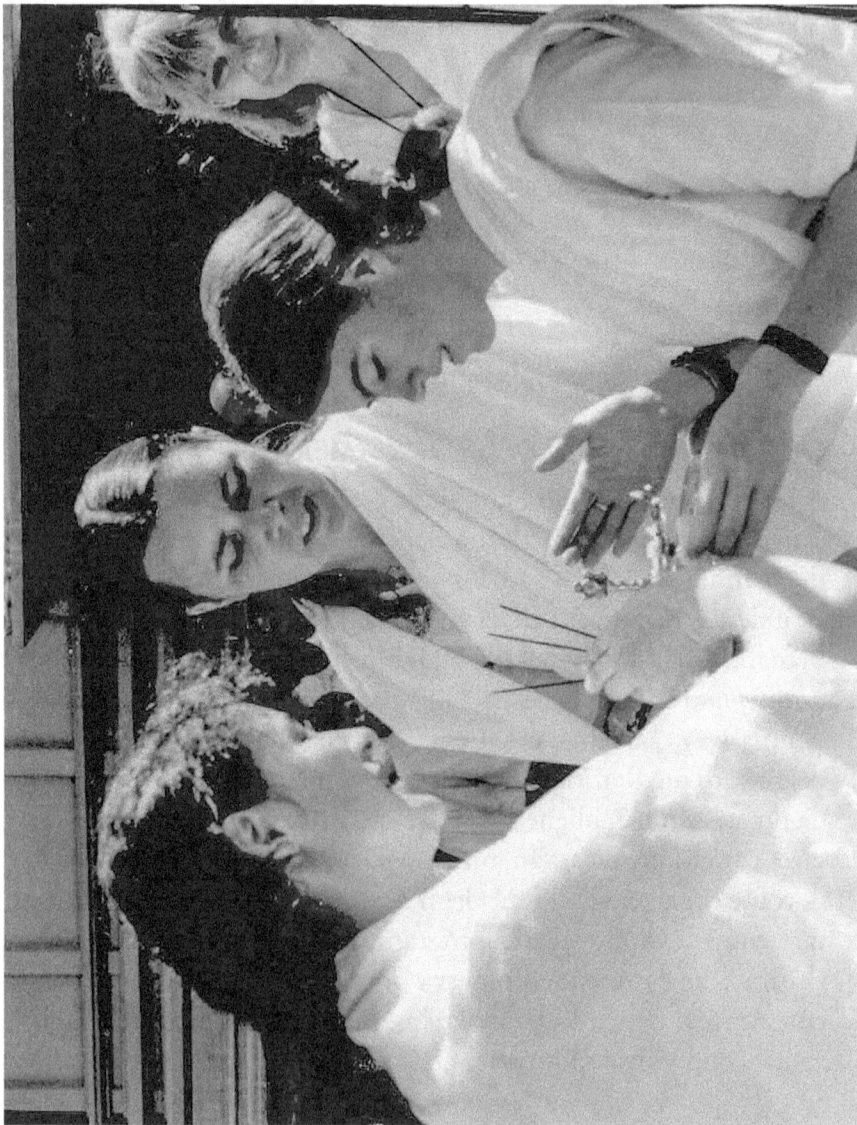

Con Hari Sudha e Suneeti

MOLLARE LA PRESA

In ogni città proiettavo il video "Un giorno con la Madre" e organizzavo delle cene di beneficenza per finanziare il tour. A volte musicisti o attori locali allestivano uno spettacolo per la raccolta fondi, oppure artisti e professionisti tenevano un'asta silenziosa e offrivano le loro opere d'arte o i loro servizi. Chi aveva la possibilità di farlo contribuiva spontaneamente, non c'è mai stata una richiesta di fondi. Se qualcuno mi faceva delle domande sulle donazioni, non davo mai risposte troppo elaborate, parlavo brevemente dell'ashram di Amma in India e delle attività umanitarie che svolgeva. Persino oggi, in una sala di 1.000 metri quadri, mettiamo solo un paio di piccole cassette per le donazioni. Dato che le cassette non erano facili da trovare, la domanda più frequente era: "Dove possiamo lasciare una donazione?"

Ebbi l'idea di stampare delle buste per la cerimonia della Devi, l'Atma puja che si teneva in ogni città l'ultima sera del programma. Era una risposta alla richiesta di molte persone che desideravano fare discretamente un dono ad Amma al termine della sua visita. Tutti i programmi erano gratuiti, il costo dei ritiri serviva a coprire le spese vive: il vitto e l'alloggio per ogni partecipante. Persino oggi, in un'epoca in cui fioriscono un po' ovunque seminari spirituali a tariffe eccessive, i ritiri di Amma continuano a essere abbordabili. Avevo organizzato tutto con un budget molto ridotto e, in qualche modo, i costi legati all'affitto delle sale, al cibo, a una piccola pubblicità e alle spese di viaggio erano sempre stati coperti dalle offerte ricevute. Le parole di Amma "Non chiedere niente e tutto arriverà" si sono sempre avverate.

PADA PUJA E ARATI

A ogni programma aggiunsi due cerimonie tradizionali: l'abluzione dei piedi di Amma al suo ingresso nella sala e l'*arati* (l'offerta della canfora che brucia davanti alla divinità) alla fine del programma serale. Amma non era molto d'accordo, ma quando le dissi che i devoti sarebbero stati felici di poterle esprimerle così il proprio amore e la propria devozione, acconsentì. Utilizzammo per l'arati un semplice piatto di ottone e anche gli utensili per il lavaggio dei piedi erano in ottone o acciaio. In ogni città verificavo i preparativi e spiegavo come celebrare questi rituali. Pensavo che ogni figlio di Amma che lo desiderasse dovesse potervi partecipare perché così si sarebbe avvicinato ad Amma. Per lui questi sarebbero stati momenti indimenticabili. Semplificammo al massimo la procedura, venne spiegato il significato profondo di questi rituali e tutti poterono eseguirli a turno.

Ancora oggi continuiamo a celebrarli durante i tour mondiali di Amma e donano moltissima gioia ai devoti. Sul sentiero dell'amore, i rituali eseguiti con devozione ci aiutano a ricordare costantemente l'Amato e ci permettono infine di prendere coscienza della nostra Unità. Il Guru non ha bisogno di queste cerimonie, Amma dice spesso che al sole non occorre la luce di una candela. Allo stesso modo, Dio e il Guru non hanno bisogno della nostra devozione. È per il nostro bene che celebriamo dei rituali: essi ci aiutano a purificare la mente e ad avvicinarci alla nostra vera natura. Le azioni che esprimono amore e riverenza per il Guru e per la Verità nella quale il Guru è stabilito purificano e creano un legame profondo. Questa è la quintessenza del sentiero dell'amore.

IL GRUPPO DI VOLONTARI DEL TOUR 1988

Sebbene non ci fosse uno staff ufficiale di volontari per accompagnare il tour, si costituì un gruppo di ferventi devoti che si resero disponibili ad aiutare nei preparativi e durante il tour estivo in tutte le città possibili. Tina e Nancy, divenute in seguito Hari Sudha e Suneeti, viaggiarono fino alla East Coast aiutando, tra le altre cose, a sistemare le sale e a decorare il tempio per il Devi Bhava. Ron Gottsegen di Carmel non voleva perdersi neppure un programma e cominciò a occuparsi dell'impianto audio con le registrazioni e il mixaggio. Ron era pronto a fare qualunque cosa potesse servire: correre a comprare le verdure per il pranzo, accompagnare in macchina Amma e i monaci alla sala del programma o a casa, aiutare a coordinare la logistica negli aeroporti. Era molto allegro, lavorare con lui era piacevole: in diverse occasioni il suo carattere tranquillo e il suo senso dell'umorismo provocarono grandi risate ad Amma lungo il cammino. Avevamo due autisti volontari, Scott Stevens e Ramana Erickson, che per trasportare il materiale e le provviste attraversarono tutti gli Stati Uniti su un furgoncino Chevrolet rosso con il simbolo 'Om-Zia' dipinto sullo sportello. Sheila Guzman aveva generosamente prestato questo camioncino per tutta la durata del tour degli Stati Uniti del 1988.

Il simbolo Om-Zia merita di essere menzionato perché è stato un'icona dei primi tour di Amma e sta adesso tornando di moda su bandiere e magliette. Pensai di servirmene durante il pre-tour mentre guidavamo per migliaia di chilometri. Cercavo un'immagine che simboleggiasse l'unione dell'oriente e dell'occidente, da poter utilizzare per informare della venuta di Amma in occidente. Il simbolo 'Zia', sacro alla tribù Zuni Pueblo del Nuovo Messico, rappresenta il sole che dona la vita. In ognuna delle quattro direzioni irradia quattro raggi che rappresentano le quattro stagioni, le quattro parti del giorno, i quattro punti cardinali e le quattro fasi della vita: nascita, giovinezza, vecchiaia e morte. Larry Kelley suggerì di inserire all'interno del cerchio del sole il simbolo sanscrito 'Om', la sillaba originaria e primordiale della creazione.

CERCANDO UN LUOGO PER IL M. A. CENTER

L'evento più importante che si verificò in seguito al tour degli Stati Uniti del 1988 fu la benedizione di Amma ai devoti della Bay Area per la ricerca di un posto in cui poter creare un centro

Aiutando nei preparativi per la prima visita di Amma
all'ashram di San Ramon, 1988

di meditazione. Amma acconsentì per il bene di quei figli che vivevano e lavoravano lontano dall'ashram in India, per la pace e la crescita spirituale delle persone che erano venute da lei in cerca di una guida. Amma mi chiese di aiutare a trovare un luogo adatto dopo la fine del tour, a metà luglio; la sua raccomandazione principale fu quella di dare importanza alla natura nella scelta del posto.

Fu creato un comitato di ricerca composto da Ron Gottsegen, Steve Fleischer, Bhakti Guest e me. Cominciammo a perlustrare la Bay Area con un agente immobiliare. Selezionammo una dozzina di proprietà ma quella che spiccò subito tra le altre fu un ranch per l'allevamento annidato nel Crow Canyon di San Ramon. La prima impressione è spesso la più duratura: l'immagine di dozzine di robusti eucalipti che si ergevano uno accanto all'altro mentre entravamo nella proprietà mi ricordava una fila di devoti che accoglieva Amma sul luogo del programma in India. Ognuno di loro teneva in mano un vassoio per l'arati, illuminando il cammino con la sua luce benaugurale. Sentii con assoluta certezza che quello era il luogo adatto per il Mata Amritanandamayi Center (M. A. Center) in America. Gli altri tre membri del comitato ebbero la stessa sensazione, così decidemmo di chiamare Amma.

Ci volle un po' per descrivere la proprietà e dare tutti i dettagli al monaco che traduceva. Ci avrebbe richiamati. Dopo un po' squillò il telefono. La risposta di Amma fu molto breve e non poteva essere più esplicita: se eravamo certi che quello era il posto giusto, ci avrebbe dato la sua benedizione. Punto. Ci ricordò anche che questo centro sarebbe sorto per il bene del mondo, non per il bene di Amma.

Restava ancora un piccolo dettaglio: bisognava ottenere il permesso di installare un centro di meditazione in mezzo a una valle agricola. L'intero Crow Canyon era protetto dal Williamson Act, che consentiva un numero molto ridotto di attività nelle proprietà che rientravano sotto la sua giurisdizione. Esplorando i dintorni, vidi molti ranch, scuderie e vivai. C'era anche un centro di accoglienza per giovani in difficoltà, unico esempio di attività diversa.

Una notte, mentre meditavo, mi venne un'idea. Ripensando alla mia laurea in Scienze Ambientali mi chiesi: "Perché non trasformare il ranch per l'allevamento in una fattoria agricola biologica che possa diventare un modello di vita sostenibile in un'area urbana?" Si sarebbe trattato di un luogo di formazione, la cui attività principale sarebbe stata la pratica della meditazione. Anche il Centro Zen Green Gulch situato a Marin Headlands aveva un programma di meditazione di questo tipo. Il mattino seguente chiamai Lynn Lanier, oggi conosciuta come Brahmacharini Rema Devi, una devota laureata in architettura del paesaggio all'Università della California di Berkeley. Lavorammo insieme per redigere un progetto che avremmo presentato alla commissione di vigilanza della contea Alameda in un'udienza pubblica per ottenere la necessaria autorizzazione. Dopo settimane di meticolosa progettazione, eravamo pronti. M'infilai una salopette da contadino, scovai un vecchio paio di stivali da cowboy e un cappello e con un piccolo gruppo di devoti mi recai all'udienza. La nostra proposta, che occupava circa venti pagine, spiegava nel dettaglio le attività che volevamo svolgere: un frutteto, un grande orto che avrebbe consentito la vendita dei prodotti ai ristoratori locali, un vivaio in serra per le piantine, un giardino di piante e fiori per sviluppare tecniche di lotta integrata e fornire la materia prima per realizzare ghirlande ornamentali da vendere sotto le feste. Apicoltura, produzione di marmellate e gelatine di frutta, preparazione di pomate e balsami a base di erbe, ritiri di meditazione nella natura, formazioni gratuite in tecniche di orticoltura biologica, progetti al servizio della comunità, tutte queste attività erano parte integrante della nostra proposta. Alla fine dei miei trenta minuti di presentazione ci fu un momento di silenzio. Uno degli ispettori della contea commentò: "Ebbene, penso che lei abbia già risposto a ogni possibile domanda".

L'unico vicino che aveva assistito all'udienza, forse con l'intenzione di fare delle obiezioni, chiese solo di rinunciare all'apicoltura per evitare che un eventuale attacco di api ai cavalli o ai cavalieri potesse compromettere l'attività del suo centro ippico. La richiesta fu subito accolta e il Consiglio dei Supervisori acconsentì unanime alla creazione del M. A. Center nel Crow Canyon. La deliberazione richiese meno di dieci minuti. E così, grazie alla generosa donazione di un umile devoto che volle restare anonimo, il M. A. Center trovò la sua casa. La prima cosa che facemmo fu chiamare Amma in India per darle la buona notizia.

LUOGO DI PELLEGRINAGGIO: L'ASHRAM DI SAN RAMON

I programmi mattutini di darshan sarebbero stati organizzati in loco mentre i bhajan serali si sarebbero tenuti nella Bay Area. Entro un anno avremmo cominciato la costruzione di una sala adeguata, in modo che Amma potesse condurre i programmi sul posto. Negli ultimi venticinque anni migliaia di persone sono arrivate all'ashram di San Ramon per ricevere la benedizione e il conforto di Amma. Questo ambiente pieno di pace permette a ognuno di offrire innumerevoli ore di servizio disinteressato per assicurare un buon svolgimento dei programmi e dei progetti umanitari nella Bay Area e di sostenere anche materialmente i progetti di Amma in India. Grazie ai tanti sacrifici e alle preghiere offerte in questo posto, Amma ha affermato che San Ramon è un luogo di pellegrinaggio, un santuario sacro e un rifugio.

Il piccolo frutteto iniziale di trenta alberi si è esteso su oltre otto ettari di terreno agricolo e si sta ancora ampliando. Sono stati creati giardini, orti e vivai in serra e sono stati installati pannelli solari. Si sono tenuti corsi di permacultura per incoraggiare la comunità a lavorare con la natura, per ripristinare la naturale armonia della terra. Decine di progetti umanitari sono stati avviati dal M. A. Center. Collaborando a queste iniziative, tantissimi devoti hanno tratto giovamento dagli insegnamenti spirituali di Amma, senza contare tutti i beneficiari di questi progetti.

STATI UNITI: TOUR DEL 1988

Il tour del 1988 si svolse serenamente e finì per avere più di venti tappe programmate. Dopo la visita di Amma dell'anno prima, si era sparsa la voce che bisognava assolutamente incontrarla, così sempre più persone vennero da lei e ricevettero la sua benedizione. Tutti hanno una storia da raccontare sul loro primo incontro con Amma, ognuna di esse descrive questo momento che ha cambiato la vita di molta gente. Per me, vedere questi fiumi d'amore scorrere tutto intorno era il realizzarsi di un altro sogno.

L'Amore divino in persona ci stava insegnando il sentiero dell'Amore. Essendo Amma stabilita nello stato di Unità suprema, in sua presenza il nostro cuore si apre spontaneamente. Pensando ad Amma giorno e notte, avevamo lavorato duramente per riportarla tra noi e lei, in cambio, accendeva nel nostro cuore la fiamma dell'amore. L'amore che provavamo nei suoi confronti tornava a noi moltiplicato mille volte. Certamente in passato avevamo tutti conosciuto l'amore terreno, quell'amore egoista che spesso spezza il cuore. Ma quando incontriamo una Grande Anima come Amma, *prema*, l'Amore supremo che giace addormentato in noi, si risveglia ed è un'esperienza esaltante. Ecco perché l'incontro con un'Anima Realizzata ci trasforma così profondamente. Se riusciamo a mantenere questa ispirazione e a proseguire sul sentiero spirituale, in presenza di una tale Anima faremo enormi progressi. È certamente possibile svolgere le pratiche spirituali per conto proprio, ma esse non daranno frutti altrettanto rapidamente. In molti casi, senza la guida di un maestro si può cadere nell'illusione di poter raggiungere da soli l'illuminazione o, ancora peggio, di essere già illuminati. Il fatto che Amma venisse da così lontano per incontrare i suoi figli e li prendesse per mano guidandoli sul sentiero dell'amore aveva un grande impatto sulla vita di tante persone. Per me era meraviglioso assistere a queste trasformazioni in ciascuno di loro.

Durante il tour del 1988 lavorai molto in cucina, specialmente durante i due ritiri. La seconda sera del primo ritiro nella foresta di sequoie di Miranda, Amma stessa venne a tagliare le verdure e a servire la cena, per la gioia di tutti! Questa è una piacevole tradizione che continua ancora oggi in tutti i ritiri di Amma. Molti devoti percorrevano ora il paese per assistere ai suoi programmi e molte più braccia aiutavano ad allestire e a pulire le sale, sebbene non ci fosse ancora uno staff permanente che offrisse un servizio costante. Dato che ero io a firmare i contratti di locazione, ero in possesso delle chiavi delle varie sale che aprivo prima del programma e mi assicuravo fossero debitamente chiuse a fine serata. Alcune notti, se il darshan si era prolungato fino a tardi e dovevamo liberare gli spazi entro una determinata ora, Amma stessa guidava i devoti nel riordinare la sala e nell'imballare i libri e l'impianto audio.

Alla fine del tour degli Stati Uniti del 1988, Amma accettò l'invito a visitare Los Angeles e Maui e aggiunse questi due nuovi programmi alle quindici città e villaggi previsti per il tour del 1989. Subito dopo questo lungo periplo negli Stati Uniti, Amma sarebbe partita per il tour europeo, che ora comprendeva anche Londra, Parigi e Zurigo, oltre alla Germania e all'Olanda.

UN GRANDE CAMBIAMENTO

Un intero anno passò in un batter d'occhio, eravamo già nel 1989. Trascorrevo sempre meno tempo in India con Amma perché dovevo coordinare i suoi tour, programmandoli con sempre maggior anticipo. Ciò nonostante, ebbi la fortuna di essere con Amma quando si recò per la prima volta a Nuova Delhi e a Calcutta e di assistere alla consacrazione del tempio Brahmasthanam di Nuova Delhi, ricordo che mi è molto caro. Mentre io venivo trascinata via dall'India, era appagante vedere quanti occidentali andavano da Amma per trascorrere del tempo con lei. I loro volti cominciavano a irradiare quella pace che solo le pratiche spirituali possono dare. Ricercatori spirituali giungevano da ogni parte del mondo per diventare rinuncianti all'ashram e condurre una vita di servizio disinteressato con Amma come Guru. La Madre Divina aveva stabilito un legame con i suoi figli, questo era chiaro.

L'energia di Amma sembrava sempre in grado di rispondere e di anticipare tutte le necessità del momento. Viaggiando con Amma, sedendo accanto a lei dopo ogni programma e discutendo di come stavano andando le cose, rimanevo stupita nel vedere la sua serenità. Nulla poteva influenzare il suo vigore, niente la poteva turbare, traboccava di energia ed era sempre stabilita nella consapevolezza. Si continuavano a programmare tour faticosissimi in India e all'estero, eppure Amma conservava tutta la sua forza. Eravamo noi, i suoi figli, a far fatica a tenere il ritmo! Ripensandoci, il calendario dei tour non era che una successione ininterrotta di programmi senza giornate di riposo, da metà maggio a metà luglio. E subito dopo iniziava il tour europeo! Se tentavo di inserire un giorno di pausa tra i programmi in modo che Amma potesse riposare, lei se ne accorgeva quasi subito e organizzava in quella giornata qualche altra attività.

Poiché era sempre più evidente che i tour mondiali si sarebbero tenuti ogni anno, bisognava farli crescere velocemente, in modo che ci fosse sempre posto per tutti. Quando preparavo i pasti per i ritiri dovevo raddoppiare la quantità delle provviste e le sale erano ora un po' più grandi. Aggiungemmo due altoparlanti all'impianto audio e ci fu donata una nuova Chevrolet 4x4 per trasportare le attrezzature. Amma desiderava che mi unissi a lei per il tour europeo e così ebbi finalmente la possibilità di partecipare ai programmi di Schweibenalpe e Zurigo, due delle città in cui avevo proiettato il video "Un giorno con la Madre" nel 1986.

UN SOLO TOCCO

Durante il tour americano del 1989, al termine del Devi Bhava che si tenne nella Cattedrale St. John Divine, nel cuore di New York, mentre guidavo il pulmino da New York a Boston assieme ad Amma e al gruppo, accadde qualcosa d'interessante. Tantissime persone avevano partecipato al programma ed era quasi l'alba quando avviai il motore e ci mettemmo in cammino. Cominciò a piovigginare mentre attraversavamo un dedalo di curve a gomito ed edifici in costruzione per uscire dalla città e imboccare il ponte che ci avrebbe condotti a Boston. Questo richiese molta concentrazione: non c'era nessuno a guidarci e per non perdermi avevo dovuto memorizzare l'itinerario da percorrere dal centro della città. Mi sembrava che sul retro del pulmino tra Amma e i monaci si stesse svolgendo una conversazione interessante, così chiesi al mio copilota, Swami Poornamritananda, di tradurre. Sembrava che uno dei monaci avesse chiesto ad Amma se fosse necessario continuare a viaggiare con questo ritmo e recarsi ogni anno negli stessi posti. Amma avrebbe presto concluso il suo terzo tour mondiale, perché non accontentarsi e non restare ora in India? Avrebbe potuto tenere i programmi nel suo ashram: adesso che i suoi figli spirituali l'avevano incontrata, sarebbero sicuramente venuti in India. Era davvero necessario che Amma affrontasse quel duro programma anno dopo anno?

La risposta di Amma non si fece attendere: "Figlio, se vuoi tornare indietro e meditare all'ashram va bene. Ma Amma vive solo per questo. Se Amma tocca qualcuno anche una sola volta, cambia il corso della sua vita per sempre; anche se questa persona viene da Amma una sola volta, è abbastanza. Il *sankalpa* di Amma è abbracciare più persone possibili a questo mondo. Amma continuerà a farlo fino al suo ultimo respiro".

Un profondo silenzio calò nel pulmino, si udiva solo il suono ritmico del tergicristalli. E così, con quel toccante messaggio di Amma, i chilometri correvano veloci mentre guidavo verso Boston.

L'AMMA CENTER DEL NEW HAMPSHIRE

Nel luglio del 1989 il tour di Amma si concluse sulla costa orientale, a Temple, nel New Hampshire, nel centro di guarigione di Jani e Ganganath McGill, che presto sarebbe diventato l'"Amma Center del New Hampshire".

Il legame che Jani aveva stabilito con Amma fin dal loro primo incontro nel 1987 era molto bello. Jani è sempre stata ed è ancora oggi di grande aiuto per l'organizzazione dei tour americani. La sua famiglia si prodigò in ogni modo, che si trattasse di ospitare il primo ritiro della East Cost nel centro di guarigione o di trascorrere settimane a pulire la loro semplice stalla per l'arrivo di Amma in modo che fosse possibile svolgervi il darshan del Devi Bhava.

Credo anche che la famiglia McGill sia l'unica al mondo ad avere avuto l'immensa fortuna di celebrare Guru Purnima nella propria grande sala di meditazione, in presenza di Amma. Dato che il tour degli Stati Uniti terminava in questo fausto giorno di luna piena, prima che Amma partisse per l'Europa essi ebbero l'onore di ospitare un gruppetto di devoti riuniti per celebrare la ricorrenza più sacra per un discepolo.

Nella loro casa ci fu anche un altro momento importante. Il tour americano era finito e tutti si stavano preparando alla partenza dell'indomani per l'Europa. Amma mi stava dando alcune istruzioni per l'anno dopo, avrei infatti messo a punto i preparativi preliminari del tour del 1990 prima di tornare all'ashram in India. Questo era il momento in cui Amma accettava di visitare nuove città l'anno successivo e mi dava sempre nuove idee.

NUOVE IDEE...

Quell'anno non era stato diverso dagli altri, ma nessuno poteva immaginare cosa avesse in mente la nostra amata Amma! Mi disse di visitare nuovi posti, solo che stavolta non si trattava di città ma di Paesi! Dovevo andare in Canada, Giappone e Australia per organizzare i primi programmi. Amma disse che i figli di quei Paesi desideravano ardentemente la sua presenza e che per lei era giunto il momento di incontrarli. Pensai: "D'accordo, ma non conosciamo nessuno in questi posti". Tuttavia acconsentii senza esitare. Il primo tour di Amma era nato così e l'esperienza mi insegnava che, con la sua benedizione, tutto è possibile. Non c'era bisogno di troppe parole, Amma mi avrebbe indicato la strada.

L'organizzazione del tour degli Stati Uniti procedeva tranquillamente, si era aggiunta una sola nuova città: Dallas. Il grande cambiamento fu l'inserimento nel programma di cinque ritiri, a Maui, Los Angeles, San Ramon, Seattle e Temple nel New Hampshire. Senza uno staff fisso, cellulari o computer portatili, per organizzare il tour estivo era fondamentale poter contare sull'aiuto di un gran numero di devoti in ogni città. Passai quasi tutto il tempo a definire il programma con i nove gruppi regionali, recandomi in loco per aiutare a trovare le strutture adeguate, cucinando per le cene di raccolta fondi e incontrando le famiglie che avrebbero ospitato Amma e i monaci. In quell'anno, durante i ritiri in cucina ci sarebbe stato molto da fare ed essendo responsabile della cucina dovevo già preparare liste precise: una volta cominciato il tour, avrei dovuto dedicarmi ad altro. A metà settembre avevo finito quasi tutti i miei spostamenti ed ero soddisfatta di come stavano procedendo le cose per il tour americano.

Neanche in Canada ebbi problemi. Feci la conoscenza di una famiglia di Vancouver che a maggio aveva incontrato Amma a Seattle. Accolsero con entusiasmo la notizia che nel tour successivo Amma avrebbe visitato Vancouver e che avrebbero potuto ospitare lei e il gruppo a casa loro. Cominciarono subito i preparativi per il futuro programma e si misero in contatto con altri amici pronti ad aiutare. Tutto sembrava concorrere affinché il programma di Vancouver fosse un successo. Ora potevo focalizzare la mia attenzione dove ce n'era più bisogno.

I CUBI DI RUBIK

Quell'autunno a San Ramon la mia mente era sempre rivolta al Giappone e all'Australia. Per risparmiare sul costo dei biglietti aerei, volevo che Amma visitasse questi due paesi prima di raggiungere gli Stati Uniti. Era ancora disponibile una buona tariffa "giro del mondo" che ci permetteva dieci scali e, con un piccolo supplemento, avremmo potuto allungare l'itinerario verso sud, fino all'Australia. Era dunque possibile un viaggio di Amma in quel paese. Questo significava programmare queste destinazioni a maggio, all'inizio del tour. Desiderando trascorrere alcuni mesi con Amma in India, non mi restava molto tempo, avevo circa tre mesi per pianificare i programmi in questi due nuovi paesi.

Amma mi aveva dato due cubi di Rubik chiamati Giappone e Australia. Avevo solo un indirizzo in Australia, quello di una signora chiamata Patricia Witt di Sydney che l'anno prima era andata in Kerala per incontrare Amma. In quanto al Giappone, non avevo nessun contatto. Fu semplice, quasi facile, scrivere una lettera a Patricia: mi presentai e la informai che il maggio seguente Amma avrebbe visitato l'Australia. Sarei andata a Sydney subito dopo Capodanno per organizzare la sua visita. Potevamo incontrarci e proiettare un paio di video a Sydney? Le sarebbe piaciuto aiutarmi?

"Sì, sarebbe magnifico!" rispose.

Per il momento questo bastava e smisi di preoccuparmi del viaggio in Australia. Una volta arrivata sul posto, la grazia di Amma sarebbe intervenuta, come sempre.

Il Giappone fu un altro paio di maniche. Cominciai scrivendo a qualche centro di meditazione e gruppo filosofico di cui avevo trovato l'indirizzo sulla quarta di copertina di alcuni libri nella libreria Shambhala della Telegraph Avenue di Berkeley. Scrissi perfino al fondatore della "Rivoluzione del Filo di Paglia", un agricoltore biologico che aveva una visione spirituale di Madre Natura (Masanobu Fukuoka, N.d.T.), sperando in un riscontro. Non ottenni nessuna risposta. Senza troppe speranze, salii in macchina e mi recai nel quartiere giapponese di San Francisco. Percorsi le strade da cima a fondo, entrai nei piccoli negozi e caffè, lessi i poster sulle bacheche cercando di calarmi nell'atmosfera giapponese. Finalmente incontrai in una libreria buia un uomo che si interessava di meditazione. Parlammo di Amma e lo informai del suo prossimo viaggio in Giappone. Conosceva qualcuno che potesse essere interessato? "Sì, sì", rispose. Andammo insieme all'ashram di San Ramon perché potesse assistere alla proiezione del video di Amma e avere maggiori informazioni sulla visita in Giappone. Rimase molto toccato e fece subito alcune telefonate in Giappone per cercare di mettermi in contatto con qualcuno. I suoi numerosi tentativi non ebbero alcun risultato. Non c'era molto altro che potesse fare, da tanto tempo aveva lasciato il Giappone. Mi diede però alcuni indirizzi di persone che conosceva a Tokyo, dicendomi che avrei potuto scrivere loro. Non era molto, ma era tutto quello che avevo.

E così feci. Scrissi in tutto cinque lettere. Erano i primi di dicembre del 1989. Ogni giorno controllavo la posta del M. A. Center sperando in una risposta dal Giappone. Nulla. Sapevo che il tempo stava passando in fretta. La mia partenza per Tokyo era fissata il 9 gennaio, da lì sarei andata in Australia per incontrare Patricia il 18. Il 27 avrei preso un volo per la Malesia per cercare di mettere a punto un eventuale programma e poi sarei tornata da Amma l'8 febbraio, unendomi così al tour dell'India del nord già iniziato. Speravo davvero che il tempo che mi ero concessa fosse sufficiente.

Arrivò il Nuovo Anno. Nulla. Sarei partita per Tokyo senza niente in mano, nel pieno del rigido inverno. Cinque anni prima ero andata negli Stati Uniti per organizzare la prima visita di Amma ma potevo contare sulla mia famiglia e sugli amici. Un profondo senso di distacco mi avvolse. Ero a corto d'idee, non mi restava altro da fare che preparare la mia piccola borsa da viaggio e pregare. Versai alcune lacrime per il Giappone.

L'ASHRAM DI SAN RAMON

7 gennaio 1990

Grande giorno! È arrivata una lettera dal Giappone! Era di una giovane donna di Tokyo chiamata Masako Watanabe, si trattava di una lettera molto semplice nella quale trovai una strana carta di credito plastificata.

Scriveva:

> *Cara Kusuma,*
> *ho ricevuto la sua lettera e quello che sta facendo mi interessa. Allego una carta telefonica prepagata così che possa chiamarmi dall'aeroporto Narita al suo arrivo.*
> *Cordiali saluti,*
> *Masako Watanabe*

Questo era sufficiente per proseguire. Stranamente, dopo aver ricevuto questa lettera, sentii che il programma di Amma in Giappone era confermato. C'era bisogno di una sola persona in una città (o Paese!) affinché la pura grazia di Amma fluisse:

188

Patricia in Australia e Masako in Giappone. Non avevo mai visto una carta telefonica. Tutto ciò che potevo fare era guardarla con meraviglia e ringraziare Amma che operava in modo così straordinario. Nel mio cuore avevo la certezza che tutto sarebbe andato per il verso giusto.

TOKYO

E fu proprio così. Al mio arrivo, due giorni dopo, chiamai Masako che mi venne a prendere dalla periferia di Shinjuko per portarmi nel suo piccolo appartamento nel centro dell'immensa Tokyo, appartamento che poteva appena contenere quindici tatami. Mi ospitò mentre organizzavo la prima visita di Amma in Giappone. Il suo inglese era impeccabile e andammo subito d'accordo. Al liceo aveva partecipato a un programma di scambio con gli Stati Uniti. Paradossalmente, questo era il motivo che l'aveva spinta a inviarmi la scheda telefonica: desiderava parlare americano con la persona che aveva scritto quella lettera così strana! Non poteva sapere che sarebbe stata la prima traduttrice di Tokyo per Amma e che avrebbe lavorato fianco a fianco con Koizumi-san del Women's College di Tokyo per organizzare il primo programma di Amma in Giappone dal 18 al 20 maggio 1990.

L'anno successivo Brandon Smith (ora Brahmachari Shantamrita) fu inviato in Giappone da Amma per preparare la sua seconda visita. Da allora Brandon continua a servire Amma nel suo centro in Giappone e in altri luoghi in tutto il mondo.

SYDNEY E MELBOURNE

Arrivare a Sydney fu un sollievo: dopo aver superato così tanti ostacoli in Giappone, tutto mi sembrava possibile. Patricia Witts era una simpatica donna di mezza età, madre di tre figli che frequentavano la scuola superiore e lavoravano. Ci fu una splendida proiezione del video nella loro casa di Chatsworth e una seconda in un altro posto nelle vicinanze.

Poi, con entusiasmo pragmatico e tranquillo, Patricia accettò di essere la prima persona a ospitare ufficialmente Amma a Sydney, consapevole che questo era ciò che serviva. Dopotutto aveva visitato la casa di Amma in Kerala, "perché dunque non ricambiare l'ospitalità?", pensò. Non c'era tempo da perdere. Cominciammo subito a cercare una sala nella zona di Chatsworth, vicino alla casa degli Switt dove Amma avrebbe alloggiato.

Patricia aveva anche dei contatti a Melbourne, così prenotammo un bus perché potessi proiettare il video anche a sud. A Melbourne fui accolta da un meraviglioso e maturo gruppo di aspiranti spirituali che meditavano da diversi anni, partecipavano a dei satsang e facevano pellegrinaggi con vari maestri indiani. La proiezione del video si svolse da loro.

James Conquest, Eugenie Maheswari Knox e Campbell McKellar erano tutti presenti quella sera e sono tuttora al servizio di Amma. La accolgono regolarmente in quello che oggi è il M. A. Center di Melbourne. Dopo dieci intensi giorni trascorsi cercando le sale, proiettando il video, organizzando riunioni e condividendo le mie liste del tour degli Stati Uniti, tutte le persone che avevo incontrato in Australia erano disponibili ad aiutare in qualunque modo per accogliere Amma a maggio. Quando giunse il momento di volare in India, ebbi la sensazione di aver posto solide basi per un buon tour di Amma in Australia a maggio.

CAPITOLO 9

L'autunno del 1990

Tarangayita apime sangat samudrayanti

Benché (le tendenze negative) siano inizialmente solo increspature, esse si trasformano in onde oceaniche per effetto delle cattive compagnie.

Narada Bhakti Sutra, verso 45

Per cinque anni avevo viaggiato senza sosta organizzando i programmi di Amma in tutto il mondo. Servire era diventata la mia unica sadhana. Il magnifico equilibrio dei primi anni con Amma era stato consumato dalla mia mancanza di *shraddha*: meditazione, satsang e studio erano stati lasciati cadere come foglie secche da un ramo inaridito. A poco a poco avevo anche trascurato lo yoga e lo studio del sanscrito finché queste pratiche non avevano più avuto posto nella mia vita. Ero impegnata a servire. Pensando egoisticamente "Vivo e respiro costantemente in Amma, non c'è motivo di preoccuparsi", abbandonai il cuore stesso della mia pratica.

Fu in questo periodo che pensieri negativi cominciarono occasionalmente a disturbarmi. All'inizio mi attraversavano solo la mente, come il sottile ronzio di una zanzara. Sottovalutando il potere che questi pensieri acquisivano accumulandosi, li ignorai e li segregai nei recessi della mia mente. Ma continuavano a tornare e, improvvisamente, vedevo difetti in tutti quelli che mi circondavano: una persona era irritante, un'altra pigra, un volontario si presentava in ritardo... tutto questo m'innervosiva. La giovane donna che finì per lasciare l'organizzazione, la stessa

da cui dovevo guardarmi a causa della sua gelosia, mi sembrava un'ipocrita, permetteva solo a quelli che la adulavano di stare vicino ad Amma e poi li tradiva alle spalle. Benché fosse molto amata e rispettata, manipolava gli altri ed era autoritaria. Tutte queste sensazioni si accumulavano in me e mi irritavano molto.

Questi pensieri e situazioni apparentemente insignificanti cominciarono lentamente ad aumentare, avvelenando la mia visione delle cose. È così che accade con i pensieri negativi: se non facciamo attenzione, ci condurranno gradualmente a uno stato di autocompiacimento e influenzeranno negativamente la nostra mente. Presto tutte le nostre percezioni saranno filtrate da questo stato d'animo e senza accorgecene rimarremo intrappolati in un vortice di negatività. Risucchiati in questa spirale, ci smarriremo e sbanderemo, facendo una scelta sbagliata dopo l'altra finché, un bel giorno, saremo travolti dalle conseguenze inevitabili delle nostre scelte.

Come Sri Krishna ammonisce chiaramente Arjuna nei versi 62-63 del secondo capitolo della Bhagavad Gita:

Dhyayato visayanpumsah sangastesupajayate
Sangatsanjayate kamah kamat krodho'bhijayate

"Soffermandosi sugli oggetti dei sensi sorgono gli attaccamenti. Dall'attaccamento nasce il desiderio, il desiderio genera l'ira";

Krodhad bhavati sammohah sammohat smrti vibhramah
Smrti bhrams'ad buddhinas'o buddhin asat pranas'yati

"Dall'ira origina l'illusione, l'illusione porta alla perdita della memoria, la perdita della memoria distrugge la discriminazione; con la distruzione della discriminazione l'uomo è perduto".

Nel 1990 mi ritrovai intrappolata in un pantano che avevo creato con le mie stesse mani. I pensieri negativi mi avevano emotivamente spossata e il non riuscire a scacciarli mi pesava; fisicamente stanca per il continuo viaggiare e spiritualmente inaridita per mancanza di pratiche spirituali, non mi rendevo conto di essere in pericolo. Non tentai neppure di rivolgermi ai ricercatori spirituali più anziani che in passato mi erano stati molto vicini e mi avevano sostenuta tra alti e bassi. E, ancora peggio, non mi confidai nemmeno con Amma. Al contrario, uno stupido senso di orgoglio che mi spingeva a nascondere agli altri il tumulto nella mia mente mi condusse, senza che me ne rendessi conto, a un bivio pericoloso. In una parola, l'ego che avevo deciso di trascendere era diventato il mio consigliere più fidato.

Più il mio cuore si chiudeva, più mi allontanavo da Amma. Il mio rimuginare continuava automaticamente. Passò così un anno d'infelicità autoindotta e di conflitto interiore. Gli altri vivevano momenti meravigliosi: i programmi di Amma si svolgevano in tutto il mondo, l'America, il Canada, l'Europa, l'Australia, Singapore e il Giappone le avevano aperto i loro cuori e le loro braccia. Io, invece, ero sfortunatamente raggomitolata in una piccola palla di autocommiserazione.

Guardando indietro, so che gli altri si erano accorti che stavo vivendo un momento difficile. Più tardi qualcuno mi disse che avevo chiuso tutte le porte, nessuno poteva valicare il muro che avevo eretto attorno a me; non ascoltavo e non permettevo a nessuno, neppure ad Amma, di entrare. Infine, approfittando del mio stato di debolezza, il desiderio sollevò la sua orribile testa e mi inghiottì interamente, mi masticò e mi sputò a terra, molto lontano da Amma.

Fui assalita da sogni sconcertanti, fantasticavo sulla storia d'amore ideale, sulla vita perfetta, qualsiasi cosa pur di sfuggire al paradosso in cui ero piombata: avevo tutto ciò per cui avevo pregato, servivo Amma con tutta me stessa, ma avevo perso il desiderio di raggiungere la meta. Tutto mi sembrava piatto, contraddittorio, erano svaniti l'umiltà, l'equilibrio, il mio obiettivo. La mia testardaggine mi fece prendere una serie di sventurate decisioni che ancora oggi si riflettono sulla mia vita, sebbene sia finalmente riuscita ad accorgermi della profonda armonia di fondo. Questa consapevolezza è arrivata però solo in seguito, molto più tardi.

Allora ero nella fase del gioco delle accuse. In pratica, cominciai a incolpare sottilmente gli altri di quello che mi accadeva. Quando iniziamo a proiettare all'esterno i nostri processi interiori, accusando gli altri delle nostre disgrazie, abbiamo raggiunto l'apice dell'illusione. È la sindrome della vittima, che ci trascina in basso con la velocità di un uragano che si abbatte sulle coste di New Orleans. Si tratta di uno stato d'animo brutale e spietato che non risparmia nessuno, in ultimo neppure noi stessi. La distruzione provocata dallo scordare la Verità, "Tat tvam asi" (Tu sei Quello), è devastante. Ogni orientamento e aspetto della nostra vita spirituale viene buttato all'aria. Abbracciamo ciò che dovremmo rifiutare e rifiutiamo ciò di cui abbiamo più bisogno.

Prendete la collera, il risentimento, un ego sfrenato, l'arroganza, aggiungete un pizzico di vittimismo e una manciata di cocciutaggine ed ecco... la ricetta per un disastro. Inizialmente si trattava di piccole cose insignificanti - mi sentivo ferita, fraintesa, non apprezzata, di cattivo umore o irritabile, oppure gli altri mi sembravano meschini e disonesti - che infine si accumularono e, come i lillipuziani di Gulliver, mi travolsero.

Ci sono voluti anni perché mi rendessi conto di quanto la mia percezione fosse distorta, ero troppo occupata a cercare i difetti altrui invece di guardare i miei. Non capivo perché Amma tollerasse che le persone attorno a lei si comportassero in questo modo. Ho capito in seguito che ciò non significa che lei approvi. Questo modo di agire può essere paragonato a una macchina per levigare le pietre: le angolosità di una pietra vengono smussate cozzando contro gli spigoli delle altre. Si tratta di una situazione piuttosto comune quando si vive in una comunità. Dovevo imparare a non criticare gli altri quando io stessa stavo lottando per sradicare le mie cattive qualità. Avrei fatto meglio a mantenere gli occhi puntati sul Guru senza lasciarmi accecare dalle qualità negative di una persona apparentemente molto vicina ad Amma. Era più facile biasimare gli altri dei problemi che avevo creato con la mia stessa testardaggine, arroganza e collera, che guardare dentro di me. Questi meccanismi di colpe e proiezioni, uniti all'ostilità che covavo da un anno, provocarono una tempesta perfetta.

A volte non abbiamo la maturità per imparare le nostre lezioni spirituali con dignità e delicatezza. Questo era indubbiamente il mio caso. Nel settembre del 1990, completati i preparativi preliminari del tour degli Stati Uniti del 1991, lasciai l'itinerario e i progetti organizzativi sulla mia scrivania dell'ashram di San Ramon. Avevo riunito con cura tutti i contatti sparsi per il mondo, inclusi i meticolosi appunti degli ultimi cinque anni sull'organizzazione del tour e dei ritiri, le ricette, ecc. in un raccoglitore a tre anelli che misi sulla scrivania assieme al piano generale del tour americano del 1991.

Non volevo che i tour di Amma crollassero solo perché ero crollata io. Uscendo dall'ufficio, dissi a uno dei residenti che stava lavorando lì vicino: "Sulla mia scrivania c'è qualcosa che vi servirà". Dopo essermi doverosamente congedata dal monaco responsabile, dicendo che avevo bisogno di 'prendermi una pausa', caricai le mie poche cose nella macchina di mia sorella e me ne andai.

In questo modo lasciai Amma, senza dire nulla a colei che aveva significato più di ogni altra cosa nella mia vita, colei che mi aveva dato tutto quello di cui avevo bisogno. Un'audace e infausta conclusione per un meraviglioso periodo della mia vita.

CARO DIARIO...

La prima cosa importante che feci dopo essermi allontanata dall'ashram di San Ramon fu scrivere sul mio diario quello che pensavo fosse andato storto. Avevo guidato fino a Mendocino, sulla costa nord della California. Ricordo di aver osservato la marea risalire dolcemente l'estuario a Point Mendocino. Fu in questo scenario rilassante che mi fermai per riprendere fiato. L'acqua salata si mescolava con quella dolce favorendo così una grande biodiversità. Trascorsi il mio trentesimo compleanno sul fiume e poi mi diressi a est, nel Nuovo Messico, dove tutto era iniziato. Trovai un lavoro in un ristorante e un posto in cui vivere. Nascosi il mio diario da qualche parte e dimenticai in fretta la sua esistenza e tutta la faccenda.

Mi fidanzai. La relazione si concluse in modo disastroso. Seppellii i miei migliori ricordi. Non feci nessun tentativo di contattare Amma e di cercare il suo consiglio e non partecipavo al gruppo di satsang che si incontrava nei pressi di Santa Fe. In un certo senso, smisi di ascoltare il mio cuore. Costruii nella mia testa una fortezza che mi proteggesse da tutti i pensieri di autocritica e mi consentisse di agire come volevo. Ma cosa volevo veramente? Avremmo potuto scusare un osservatore esterno se avesse pensato che avevo deciso di rovinare la mia vita. Vissi quei mesi come se niente avesse più senso. La moderna epoca di cinismo era lo scenario perfetto per il mio carattere egocentrico e irritabile. Nessuno poteva dirmi niente e, in ogni caso, non ero assolutamente disposta ad ascoltare.

Avevo scelto io di prendere questa pausa ma, stranamente, continuavo a recitare il mantra, come se una parte di me vedesse la mia vita spirituale sgretolarsi e rifiutasse di lasciarla andare completamente. Forse era la paura inconscia di dimenticare il mio mantra e di smarrire per sempre la strada per tornare da Amma. Anche se stavo buttando via la mia vita, percepivo nel profondo un debole battito, amavo ancora Amma e speravo che mi perdonasse e mi salvasse. In qualche modo passò un anno.

L'anno seguente, durante le pulizie di primavera del 1992, mi capitò tra le mani il diario che avevo scritto il giorno in cui avevo lasciato l'ashram di San Ramon. Mi sedetti per leggerlo e rimasi scioccata: in pratica, in quasi ogni mia recriminazione accusavo qualcun altro! Spesso erano state le mie stesse azioni, le mie percezioni sbagliate, a creare le situazioni che mi avevano fatta soffrire. In quel momento vidi chiaramente la verità. Improvvisamente mi sentii soffocare e fiumi di lacrime cominciarono a scorrere sul mio viso. Disgustata da me stessa, rimasi seduta lì per moltissimo tempo, attonita.

Poi presi una decisione: spinta da un desiderio intenso e irresistibile, mi diressi verso la Mesa di Taos e raccolsi bracciate di salvia secca, scavai con cura un buco e accesi il fuoco. La salvia s'incendiò subito e in un attimo bruciai il mio diario. Mi ripromisi, in realtà feci il voto, di essere onesta con me stessa. Avrei steso un nuovo elenco, un elenco che non riguardasse gli altri ma me stessa. Quella notte compresi che la felicità è una scelta e non un dono che ci viene fatto da qualcuno. Capii che la vera guarigione avviene solo quando smettiamo di incolpare gli altri e cominciamo a perdonare loro e noi stessi.

Ripensandoci, sembrava che da quel giorno di presa di coscienza ci volessero solo due passi per tornare tra le braccia di Amma. Ma una volta aperto, il vaso di Pandora fa di tutto per non essere chiuso. Come aspiranti spirituali, come esseri umani, siamo una strana miscela di libero arbitrio e destino, non è facile esercitare il primo e controllare il secondo. Se ci intestardiamo nel voler costruire noi stessi il nostro cammino, possiamo essere certi che l'universo farà in modo che ci occorrano parecchi anni karmici prima che l'arco si pieghi come vogliamo noi.

A questo punto cominciai davvero a piangere. Dal profondo della mia anima supplicai Amma di salvarmi, di tirarmi fuori dal pantano nel quale ero caduta da sola, di darmi la forza d'animo di tornare, di ricordare che non è mai troppo tardi per riprendere la vita spirituale. Avevo sofferto abbastanza per capire che le verità spirituali insegnate da Amma erano autentiche. Nessuno avrebbe potuto amarmi di un amore più puro, la sua grazia era leggendaria. Come avevo potuto soccombere all'amnesia dopo aver visto Amma guarire il lebbroso Dattan? Come avevo potuto essere ipnotizzata a tal punto da *maya*, dall'illusione della realtà, dai luccicanti ed effimeri oggetti del mondo?

Facendo appello al mio coraggio, decisi che era il momento di muovermi e di affrontare le conseguenze. Mi ripromisi che durante il prossimo tour estivo degli Stati Uniti avrei partecipato a un programma di bhajan. Per essere onesta, ero nervosa e spaventata all'idea di incontrare Amma. Quale sarebbe stata la sua reazione? Che avrebbero detto gli altri? E se fosse stato terribile? Francamente, nonostante tutto questo tumulto interiore, a questo punto avevo più paura di restare lontano!

Ero andata a Berkeley per ritrovare i miei vecchi compagni di classe "dieci anni dopo". Sentii nascere in me il bisogno irresistibile di vedere Amma. Avevo parlato ad alcuni di loro del tempo trascorso con lei: dato che nessuno l'aveva incontrata, potevo condividere i miei ricordi abbastanza tranquillamente... finché un'amica disse: "Ehi, Amma è in città, andiamo ad assistere al suo programma!".

Mi si strinse lo stomaco. Ero pronta? Era così facile? Andare semplicemente a un programma? Andare a vedere Amma! Come altre centinaia di persone, quella notte ci recammo al programma.

BERKELEY 1992

Kannunir kondu nin padam kashurkam
Katyayani ni kaivitalle ...

Con le mie lacrime laverò i tuoi piedi, o Katyayani,
ma Ti prego, non mi abbandonare...

Amritanjali, vol.1

Il programma si teneva vicino al campus dell'Università della California di Berkeley, il mio vecchio territorio, il luogo in cui avevo organizzato tanti programmi per Amma. In teoria avrei dovuto essere abbastanza rilassata, ma non lo ero. Mentre camminavo verso la porta d'ingresso, mi sentivo molto nervosa. Da lontano vidi venirmi incontro due delle persone a me più care: Swamiji e Brahmacharini Nirmalamrita, mia vecchia amica dalla prima proiezione del 1986. Sembra incredibile, ma fuggii dalla sala con la coda tra le gambe. Ero pronta a incontrare Amma ma non i miei cari fratelli e sorelle, avevo troppa paura della loro reazione. Immaginate la sorpresa della mia compagna di facoltà quando si voltò e si ritrovò sola! Mi raggiunse e mi disse: "Che ti prende? Non eri tu che volevi vedere Amma? Perché sei scappata?" Trovai una scusa poco convincente e ci allontanammo. Era un po' infastidita: aveva guidato nel traffico per arrivare in orario al programma e tutto questo solo per tornare subito indietro.

Quella notte analizzai il mio stato interiore: forse non ero pronta a incontrare Amma come credevo. Perché avevo avuto una così forte reazione emotiva nel vedere i miei vecchi amici spirituali? Conclusi che dovevo prepararmi meglio e riflettere di più prima di andare da Amma. Ma non riuscii a cavarmela. La mia amica tornò l'indomani nel tardo pomeriggio e mi disse semplicemente che saremmo andate al programma di Amma, che mi piacesse o meno. Non voleva sentire una parola di più, così salii in macchina. Mentre ci avvicinavamo recitavo freneticamente il mantra. Le cose stavano prendendo una piega inaspettata, completamente fuori dal mio controllo, non potevo far altro che arrendermi. Stavolta fu più facile entrare nella sala: immaginai di essere nascosta da un mantello invisibile e lasciai che la mia amica mi guidasse all'interno e scegliesse i posti a sedere. Distolsi lo sguardo per mantenere il mio sangue freddo.

I bhajan furono straordinari, mi calmarono come non avevano mai fatto prima. Ben presto avvertii un senso di beatitudine e di rilassatezza e ricominciai a respirare. Appena l'ultima nota dell'arati si spense e furono recitate le preghiere finali, sentii una mano posarsi dolcemente sulla mia spalla. Era un'altra delle mie amiche preferite: Brahmacharini Rema Devi di San Ramon. Sembrava un angelo e aveva un immenso sorriso sul volto. Mi prese per mano e, attraverso la folla, mi guidò da Amma.

Non dimenticherò mai quel momento, era come se tutti avessero smesso di respirare: Amma alzò gli occhi, i nostri sguardi si incontrarono e cominciammo entrambe a piangere. Amma mi attirò a sé e mi tenne stretta a lungo in un abbraccio pieno d'amore. Quando mi lasciò andare, ci guardammo ancora negli occhi, poi ridemmo forte e piangemmo ancora un po'. Swamiji, Swami Poornamritananda, Ron, Steve Fleischer e Bhakti si avvicinarono alla sedia di Amma. Dai loro visi traspariva così tanto amore per me che smisi di pensare. Era come nuotare in una vasca di amore divino che traboccava da ogni parte.

La mia amica rimase sconcertata nel vedere tanta emozione. Più tardi quella notte, mentre lasciavamo la sala, mi disse: "Non ho mai visto così tanto amore in tutta la mia vita. Quelle persone ti amano moltissimo, sei davvero fortunata, sei molto speciale per loro". Ero senza parole, questa esperienza mi aveva talmente toccata che, pietra dopo pietra, la fortezza del mio ego andò in frantumi. Ancora molti chilometri e molti anni mi separavano dal momento in cui sarei tornata a vivere ad Amritapuri. Ho commesso molti altri sbagli sul cammino che Amma ha tracciato per me ma posso dire che, da quel momento in poi, nel mio cuore non sono più stata "lontana da Amma". Da quella sera in cui ci ritrovammo a Berkeley, sebbene io abbia dovuto affrontare ancora tante difficoltà, ho sempre provato una gioia immensa e il legame con l'antica Madre Divina, Mata Amritanandamayi, mi ha nutrito profondamente. Le sarò eternamente grata per aver riversato ancora una volta su di me la luce di questa pura grazia.

CAPITOLO 10

Sondare l'oceano

Come si può sondare l'oceano? Siamo in grado di spiegare i suoi misteri, la sua vastità, la sua profondità? Cosa sappiamo delle infinite forme di vita che si rifugiano nella sua immensità? Gli strumenti che abbiamo a disposizione non ci consentono di compiere questa impresa titanica, dobbiamo accontentarci di descrivere l'oceano come meglio possiamo: il suo grado di salinità, il mistero della luna che governa le maree e tutto il resto. Possiamo sentire la temperatura dell'acqua con il piede, continuare a descrivere e discutere di tutti i suoi aspetti, ma alla fine ognuno di noi dovrà prendere una decisione: voglio fare l'esperienza di cosa significhi tuffarsi nel mare? Voglio bagnarmi? Voglio imparare a nuotare?

Per l'oceano è indifferente se qualcuno si tuffa e scopre le sue meraviglie o se qualcun altro esce dall'acqua, frustrato e scoraggiato. In un solo giorno milioni di persone possono nuotare, navigare o pescare. All'oceano non importa, per lui è indifferente se una persona nuota oppure no. È lì per tutti, che ne approfittino pienamente o no. L'oceano resterà com'è sempre stato fin dalla creazione del mondo.

Si può dire lo stesso di un Guru. Chi può sondare la pienezza della sua Realizzazione? Chi può descriverla? Non possiamo basarci sulle nostre limitate capacità di osservazione e discernimento, non esiste nessun test sicuro al 100% per dimostrare che un Guru ha raggiunto l'illuminazione. Come nel caso dell'oceano, il nostro scopo finale non è stabilire con esattezza il grado di realizzazione di un Guru, ma piuttosto di decidere che direzione vogliamo dare alla nostra fuggevole vita.

Che cosa attira certe persone e non altre verso una vita spirituale? Perché alcuni cercano una guida spirituale e altri rifuggono dal solo pensiero? Per rispondere a queste domande bisogna prendere in considerazione molti aspetti: alcune ragioni sono ovvie, altre più oscure. Ciò nonostante, la maggior parte delle persone, ricche o povere che siano, concordano nel dire di sentire un vuoto, un malessere, una scia di dolore che scorre nella loro vita che le spinge a volere qualcosa di più, a desiderare intensamente di scoprire un significato più profondo in ogni cosa.

Alcuni si rivolgono alla lettura di libri spirituali, a conferenze o maestri, in cerca di risposte, di un po' di pace, di felicità. Altri, per alleviare tale sofferenza si perdono nelle droghe, nell'alcol o nelle cattive compagnie. Guardando la propria vita e il mondo, molti cadono in depressione, incapaci di convivere con questa incomprensibile sensazione di vuoto. Molte persone vivono nella confusione, più o meno contente della loro situazione, e oscillano come un pendolo tra felicità e sofferenza, a seconda di ciò che accade loro. Più o meno consciamente, ognuno di noi sviluppa un suo personale approccio alla vita.

Supponiamo di far parte del primo gruppo e di essere ispirati dalle nostre letture, da ciò che sentiamo o vediamo in un Guru. Faremo qualche passo in più sul nostro cammino, nascerà il desiderio di imparare a meditare, di praticare l'hatha yoga o di partecipare a un ritiro spirituale. Quando ci rivolgiamo alla spiritualità, troviamo sollievo e comprensione. Se siamo fortunati possiamo incontrare un vero Maestro come Amma: in quel momento la nostra anima sa di essere in presenza di una Grande Anima, di un Mahatma. Inizia allora la lotta tra l'anima e l'ego, nasce il conflitto tra destino spirituale e libero arbitrio e la vita oscilla tra scoperta del Sé e autoinganno. L'incontro con un maestro spirituale è il catalizzatore che accelera il risveglio. Adesso so che quando incontriamo un Mahatma non possiamo più tornare indietro, si tratta solo di scegliere la velocità alla quale andare avanti. Per alcuni sarà un viaggio lungo e travagliato, pieno di passi falsi e deviazioni, mentre per altri sarà una passeggiata breve e tranquilla. Noi siamo il fattore decisivo. Il Mahatma risiede serenamente nel suo stato di anima risvegliata, la nostra decisione di andare verso di lui o di partire non ha alcuna ripercussione sul Maestro. Siamo noi, non lui, ad avere qualcosa da guadagnare.

Esiste una tradizione molto antica e ancora viva oggi: il sentiero della Realizzazione del Sé, in cui un ricercatore stabilisce un legame con un Guru capace di condurlo oltre il ciclo di nascita e morte, fino alla Liberazione. Vi è una vasta raccolta di testi spirituali, antichi e contemporanei – le Upanishad, i Purana, la Bhagavad Gita e i relativi commentari – che chiariscono ogni aspetto e dettaglio della relazione Guru-discepolo e spiegano in cosa consiste il sentiero spirituale. Queste testimonianze scritte non nascono dall'immaginazione o dalle congetture di qualcuno, ma dall'esperienza diretta di chi, prima di noi, ha percorso il cammino e ha raggiunto le vette della consapevolezza umana, lo stato in cui, liberati, si sperimenta la completa Unità.

L'impegno del Guru per il discepolo è assoluto, infallibile. Il Guru impartirà i suoi insegnamenti in modo da trasformare l'ego e i desideri egoistici. Il maestro ha un unico obiettivo: risvegliare lo studente. Sono tantissime le anime che hanno intrapreso questo cammino, trovato Maestri spirituali e fatto tutto quello che dovevano per fondere la loro coscienza egocentrica nella grande Unità, finalmente vittoriosi. Ma questo percorso non è per i codardi, ci vuole una mente forte per andare avanti sul sentiero e penetrare sempre di più nel mistero dell'esistenza. Quelli che hanno fallito sono molti di più di quelli che hanno raggiunto la meta, specialmente nell'attuale era del cinismo.

Prima di affidarci a un Guru, dobbiamo valutarlo attentamente, essere assolutamente certi che ci saprà guidare. Tuttavia, una volta presa la decisione di accettare un Maestro e di seguire il cammino fino alla meta, dovremmo smettere di farci domande sul Guru, altrimenti egli non potrà condurci alla Realizzazione del Sé.

LUNA DI MIELE

Raggiunsi Amma per il tour degli USA del 1993: mi accolse a braccia aperte. I programmi erano più estesi e adesso c'era a disposizione un pulmino per lo staff in cui fui gentilmente ammessa. Anche se per me era difficile affrontare tutto quello che avevo lasciato, man mano che il tour proseguiva attraverso il paese vecchi amici venivano a salutarmi e piangevamo e ridevamo insieme delle follie fatte nella nostra vita.

Alla fine del tour degli Stati Uniti del 1993, rientrai in Nuovo Messico e feci tutti i preparativi per tornare in India da Amma. Avevo fretta di riprendere la mia vita spirituale e non volevo perdere questa opportunità. Amma mi faceva sentire che mi aveva perdonata e mi incoraggiava in tutti i modi. Una delle prime cose che mi disse al mio ritorno, mentre sedevamo nella sua stanza, fu che il passato era come un assegno annullato. Dovevo considerarlo come tale e smetterla di guardare indietro, altrimenti non avrei fatto alcun progresso. Amma non mi fece nessun rimprovero e mi tenne accanto a sé, nonostante ci fossero molte più persone adesso a contendersi la sua attenzione.

Tutti erano felici di vedermi: il padre di Amma, Sugunanandan Acchan, pianse non appena mi vide. Il suo largo sorriso diceva tutto, scuoteva la testa con grande dolcezza dicendo: "Kusumam, Kusumam", con una voce piena di tenerezza. I più anziani della comunità, molti dei quali indossavano ora l'abito giallo dell'iniziazione formale, mi fecero sapere nel loro modo discreto e gentile che erano felici di vedermi tornare. C'erano molti nuovi residenti che non mi conoscevano e fu piacevole fare seva assieme a loro, per così dire nell'anonimato.

Eppure fu difficile ritrovare il mio vecchio ritmo, l'equilibrio, la pratica. Realizzai quanto sia facile distruggere e quanto sia arduo ricostruire. Trasalii nell'accorgermi fino a che punto il mio entusiasmo iniziale per lo scopo fosse minato. Decisi di ricominciare dalla base, di provare a riconquistare la mia innocenza perduta. Amma ci incoraggiava sempre ad avere una mente da principiante. Ma era davvero possibile?

Per seguire il sentiero dell'amore è necessario innanzitutto amare il sentiero! Il più grande ostacolo fu la mia incapacità di perdonarmi e di credere nuovamente in me stessa. Decisi di cominciare da dove mi trovavo. Mi volsi di nuovo alle pratiche devozionali che avevo messo da parte con noncuranza per trasformare ancora una volta in pace e serenità i miei pensieri, azioni e parole. Mi era sempre piaciuto ripetere il mantra e contemplare il volto della Madre Divina, la mia amata Amma. Avevo sempre trovato soddisfazione nel dedicare le mie energie, le mie capacità e il mio intelletto al servizio disinteressato degli altri. Il mio cuore si scioglieva ascoltando i canti devozionali di Amma che mi chiamavano verso un piano più elevato. Recitavo di nuovo le mie preghiere col cuore: *"Ti prego Amma, salvami, riportami alla grazia!"*

Lentamente, ma con certezza, i miei ricordi sulla Verità riaffioravano. La mia amnesia spirituale si attenuò, ritrovai il discernimento per frequentare buone compagnie. Potevo vedere in cosa consistevano alcuni dei miei attaccamenti, sedevo in quella consapevolezza, cercando di essere testimone del gioco emotivo interiore invece di lasciarmi catturare da esso.

In quel periodo solo una volta qualcuno mi rivolse delle parole dure che mi ferirono. Questa persona aspettò di trovarsi da sola con me e mi disse: "Perché ti sei scomodata a tornare? Perché non sei rimasta a goderti la vita lasciando tutto questo alle spalle una volta per tutte?" Rimasi troppo scossa per rispondere.

Tutti conoscevano la sua profonda devozione per Amma ma, allo stesso tempo, questa donna poteva essere estremamente sgradevole dietro le quinte. Paradossalmente, alla fine fu proprio lei a lasciare l'ashram. Mi ripromisi di starle lontana, anche se spesso non era possibile.

Mi nominò responsabile dell'ufficio seva, in cui veniva assegnato il lavoro volontario. Ero fritta! In apparenza sembrava che me la cavassi, il coordinamento del seva non era nulla in confronto all'organizzazione dei tour, ma interiormente vivevo un forte conflitto. Occorrono tempo e coraggio per rimettere insieme i frantumi di una vita spirituale. Adesso mi rendevo conto che gli schizzi iniziali e lo sguazzare dopo il primo tuffo nella vita spirituale erano momenti meravigliosi e felici. Man mano che andiamo avanti nel cammino, ci sono molte lezioni amare da imparare ed esperienze dolorose da affrontare. Non dovremmo sorprenderci: quanti sforzi e sacrifici sono necessari per diventare un medico o conseguire un dottorato di ricerca? Dopotutto, la spiritualità non è molto diversa da una disciplina universitaria. In ogni caso, una domanda più inquietante stava affiorando: ero all'altezza della situazione?

Mi resi rapidamente conto che dipendeva solo da me tenere alto l'umore, imparare bene le lezioni e cambiare. Se non fossi riuscita a conservare l'entusiasmo per la meta, allora la pura grazia di Amma, che scorre torrenziale come le immense cascate del Niagara, non avrebbe avuto effetto. La grazia è alla nostra portata e giunge in risposta agli sforzi che facciamo. I veri maestri come Amma fanno tutto ciò che è necessario, sono i passi del discepolo a essere spesso incerti lungo il cammino.

MISURARE LA MIA DETERMINAZIONE

Una delle mie migliori amiche, Nancy Crawford, conosciuta poi come Suneeti e successivamente come Brahmacharini

Nirmalamrita, si era trasferita all'ashram per diventare rinunciante. Fin dal 1986 avevamo lavorato insieme in tutti i tour, in particolare nell'organizzazione dei ritiri. Suneeti era stata una ricercatrice scientifica presso la facoltà di Risorse Ambientali dell'Università della California di Berkeley, la stessa nella quale mi ero laureata io, e avevamo molte cose in comune. Quando avevamo un momento libero, amavamo parlare a lungo della spiritualità, della vita e della morte. Anche se aveva molti amici, ero stata per lei come una sorella maggiore, qualcuno con cui confidarsi durante i suoi primi anni con Amma. Adesso i ruoli si erano ribaltati e la sua fermezza e determinazione mi ispiravano.

Durante i tour degli Stati Uniti avemmo modo di conoscerci e venni a sapere che era stata colpita da un tumore, non una ma due volte. Suneeti aveva un interessante punto di vista a riguardo. In entrambi i casi aveva seguito il tradizionale iter della medicina allopatica: chemioterapia, radioterapia, sofferenza, guarigione. Mi disse però che ciò che aveva fatto davvero la differenza era stato cambiare il suo atteggiamento mentale e il suo stile di vita. Era stata la ricaduta nella malattia a condurla alla spiritualità.

Suneeti aveva idee chiare sulla morte. Sapeva che cosa significasse per il corpo avere un tumore e non si faceva illusioni: l'eventualità che il cancro si manifestasse di nuovo era molto probabile. Tuttavia si sottoponeva ogni anno ai controlli per verificare il suo stato di salute e accertarsi di non avere recidive. Era convinta che non sarebbe sopravvissuta una terza volta al male. Non rimuginava su ciò che questo avrebbe significato, l'accettava con mente ferma.

Poco dopo il mio ritorno avemmo un'intensa conversazione a riguardo. Mi disse che il suo più intimo desiderio era servire Amma fino all'ultimo respiro e assaporare al meglio ogni momento della vita da rinunciante. Se il tumore fosse ricomparso, avrebbe preferito restare vicino ad Amma e servirla fino all'ultimo istante.

Ci aveva riflettuto bene. Era come se avesse concluso un accordo, un tacito accordo: se avesse avvertito che il male era tornato, avrebbe lasciato che esso facesse il suo corso senza sprecare soldi per un'inutile e costosa terapia. Interrompere la sua vita spirituale per un terzo trattamento di chemio e radioterapia l'avrebbe sicuramente indebolita al punto da non poter più proseguire sul sentiero che aveva scelto con Amma. Sapeva che, anche con le cure, probabilmente non sarebbe sopravvissuta a un'altra recidiva. Suneeti era diventata per me una fonte d'ispirazione, così come io lo ero stata per lei in passato; il suo impegno nel cammino spirituale con Amma era incrollabile.

Un pomeriggio, mentre eravamo sedute nella sua camera, sul ballatoio del tempio di Kali, le chiesi ingenuamente che cosa avrebbe scelto se si fosse riammalata per la terza volta: si sarebbe sottoposta a un trattamento lungo e debilitante dal risultato incerto o avrebbe continuato a vivere come desiderava, pienamente consapevole che qualcosa stava accadendo nel suo corpo? Senza alcuna esitazione, rispose che avrebbe scelto la seconda soluzione. Con un sorriso pensoso mi spiegò che la nuova opportunità di vita che le era stata offerta incontrando Amma e trasferendosi in India era tutto per lei. Amava Dio infinitamente, desiderava servire il suo Guru e gli altri per il tempo che le era stato concesso. Non pensava di poter sopravvivere a una terza recidiva. Non voleva sprecare il tempo che avrebbe potuto trascorrere accanto ad Amma con trattamenti spossanti e invalidanti. Non voleva trovarsi in quello stato nel momento del suo ultimo saluto ad Amma. Quando la nostra conversazione terminò, mi chiesi se avevo quella stessa dedizione e chiarezza.

LA VITA ALL'ASHRAM NEGLI ANNI 90

Le prime famiglie occidentali si erano stabilite nell'ashram ed era bello vedere i bambini correre e giocare con Amma appena potevano. C'erano Priya e Krishna Unni da Los Angeles, Sarada e Manju dal Canada, Gopi, Sudha e Gemma da Seattle, Aparna e Manohari dal Nuovo Messico, Santosh dall'Austria, Sridevi e Anandi dalla Germania. Questi devoti erano dei pionieri, riuscivano ad allevare i loro figli, a svolgere servizio altruistico e a dedicare la loro vita alla spiritualità all'interno di un monastero. L'infanzia di questi bambini cresciuti alla divina presenza di Amma è stata benedetta in modi straordinari.

Venne ufficialmente aperto un Ufficio Accoglienza per occidentali (Western Office) per accogliere e gestire il flusso costante di visitatori. Mi venne chiesto di prestarvi servizio e di far visitare l'ashram ai nuovi devoti. Era stata aperta una mensa occidentale frequentata da devoti di tutto il mondo! Per sostenere l'orfanotrofio venne allestito il Ram Bazaar, mercatino delle pulci e negozietto dell'usato. Devoti da tutto il mondo decisero di venire a vivere per sempre nell'ashram. Questi nuovi residenti occidentali avevano un grande desiderio di conoscere meglio la vita spirituale.

Amma è il Guru più avvicinabile e accessibile al mondo, dona a ognuno indicazioni precise su come progredire sul cammino spirituale. Questo accade ancora oggi: Amma trascorre un numero incalcolabile di ore nella sala del darshan, incontrando ogni persona per abbracciarla e confortarla, oppure si reca sulla spiaggia in riva al mare Arabico per la meditazione e il satsang. Amma non si è mai tenuta in disparte dalla comunità spirituale che si è formata attorno a lei, ma ne è parte integrante. Sempre al centro dell'alveare, dirige le attività dell'ashram e conduce importanti incontri e discussioni in pubblico, in modo che tutti possano vedere e sentire. Chiunque può avvicinarsi ad Amma per un abbraccio e fermarsi accanto a lei il tempo necessario per rasserenare il suo animo. Chiunque può farle direttamente una domanda o confidarle i propri problemi. Non esiste un segretario personale che faccia da intermediario tra i devoti e Amma. Che sollievo sapere che in qualche parte del mondo esistono ancora la purezza e l'amore incondizionato!

VIA DI NUOVO

Amma mi aveva inclusa in tutti i tour in India e all'estero. Mi chiese perfino di occuparmi dell'impianto audio durante il tour delle Isole Mauritius e della Réunion nella primavera del 1994. Il problema era che non riuscivo a ritrovare lo slancio iniziale verso la meta. Dovevo ricrearmi il mio mondo con Amma e questo era difficile a causa del mio attaccamento al passato.

Le aspettative inconsce che speravo di soddisfare tornando a vivere in India con Amma non si stavano realizzando. Ma come avrebbe potuto essere altrimenti? La via di accesso ad Amma di cui avevo goduto nei primi tempi era bloccata. Il coordinamento del seva era la mia scusa per non avere una routine regolare nella sadhana. Cominciai a fare confronti tra me e gli altri e a pensare che io ero sincera mentre loro erano ipocriti. La mia introspezione era diventata superficiale e inefficace. Cominciai a navigare in acque molto pericolose.

Questa è la natura delle aspettative, dell'arroganza e del giudizio: sono le premesse per l'insoddisfazione. Ci vollero molti anni prima che riuscissi ad ammetterlo, ma alla fine dovetti riconoscere che non amavo più la sadhana. Tutto mi sembrava piatto e privo di interesse. Ero profondamente delusa da me stessa, avevo lasciato inaridire la mia ispirazione e il mio desiderio di seguire il cammino.

Ovunque guardassi vedevo esempi di dedizione e altruismo, ma la mia vita assomigliava a un guscio vuoto. Tutte le promesse e l'intensità dei primi tempi con Amma erano svanite per lasciare posto a uno scoraggiamento e a un'inquietudine sempre crescenti. Gli altri cominciavano a irritarmi e mi allontanai dalle persone a cui avrei potuto rivolgermi per un satsang. Interiormente ero di nuovo alla deriva ma mi tenevo occupata con il seva, ignorando i segnali d'allarme e allontanandomi sempre di più da Amma. Pericolo, pericolo, pericolo tutto intorno: ero accerchiata.

Una delle più grandi insidie sul sentiero spirituale è lasciare che la propria mente inizi ad accusare gli altri. Quando permettiamo che la nostra attenzione venga distolta dalla meta e si fissi su un'azione negativa compiuta da qualcun altro, siamo perduti. Questa cattiva abitudine è l'antitesi della vita spirituale, è come ingoiare ogni giorno una piccola dose di veleno che alla fine, accumulandosi nel corpo, provocherà la nostra morte.

Perché biasimare l'insegnante per la mancanza di determinazione dello studente? E innanzitutto, perché avevamo scelto un Guru? Perché confidavamo nella sua capacità di guidarci e volevamo essere guidati! Come studente, toccava a me esprimere i miei dubbi ad Amma, ma di nuovo mi comportai da vigliacca. Nel 1996 feci le valigie e me ne andai, questa volta per davvero.

CAPITOLO 11

Non è mai troppo tardi

DARE UN SENSO ALLA PARTENZA

L a mente è strana. In sostanza, non c'è una spiegazione razionale che chiarisca perché la mente ci porti in un posto diverso da quello in cui pensavamo di andare. Non c'è una spiegazione valida del perché lasciai Amma. Si trattava di una serie di cose che erano andate storte. Quando perdiamo la concentrazione e la tranquillità mentale, tutto è possibile. Stavo ancora cercando di capire come avessi potuto lasciare Amma la prima volta, come avrei potuto adesso dare un senso a questa seconda partenza?

Chiamatelo karma, egoismo, il potere illusorio di maya o l'insanguinato campo di battaglia di Kurukshetra dove il Signore Krishna espose la Bhagavad Gita ad Arjuna: è molto difficile uscire dalle sabbie mobili della negatività.

Quando ci penso dopo tutti questi anni, mi viene in mente l'immagine di un atomo. Al centro c'è il nucleo. Gli elettroni si trovano in diverse sfere concentriche, o orbite, che ruotano intorno al nucleo. Se Amma fosse il nucleo, tra il 1983 e il 1990 io sarei stata uno degli elettroni che occupavano una delle orbite a lei più vicine. Sull'elettrone viene esercitata una fortissima forza di attrazione affinché orbiti in quella sfera. Immaginate ora un elettrone che cominci a oscillare o a deviare leggermente dalla sua orbita: prima o poi verrà 'buttato fuori', 'espulso', non riuscendo a mantenere la sua corsa stabile intorno al nucleo. Continuerà a ruotare in un'orbita più esterna, in cui si muoverà più lentamente

e dove la forza di attrazione esercitata dal nucleo sarà minore. Qualora l'elettrone voglia saltare da questa orbita a quella più vicina al nucleo, avrà bisogno di un incredibile apporto di energia per compiere questo salto e avvicinarsi.

Allo stesso modo, occorre meno energia per produrre la fissione (divisione) di un atomo di quanta ne occorra per la fusione (unificazione). Nella divisione si impiega una minore quantità di energia rispetto a quella necessaria per cercare di risolvere i problemi e rimanere uniti.

Questo è quello che è accaduto a me. Ero stata in un'orbita vicina ad Amma ma le mie tendenze negative avevano creato dissonanza sul mio cammino; dal 1990 al 1996 ero stata sbalzata verso le remote orbite esterne, dove la forza attrattiva del nucleo sugli elettroni erranti è minore. Dal 1993 al 1996, quando tornai all'ashram, benché cercassi di saltare e riprendere la mia posizione nell'orbita vicina, alla fine il mio sforzo fu vano. Ponevo troppe condizioni alla mia vita spirituale, senza capire che dovevo essere io ad abbandonarmi a ciò che essa voleva mostrarmi, non viceversa.

Anche se riuscii a fare alcuni balzi nell'orbita vicina al nucleo, quando le vibrazioni dissonanti ricominciarono mi staccai e venni nuovamente scagliata su un'orbita ancora più esterna della precedente. A quella distanza, gli elettroni possono essere separati dall'atomo da cui hanno origine ed essere attirati da un altro nucleo vicino che, con la sua forza di attrazione, cerca di catturarli nella sua orbita e di farli ruotare attorno a sé. In questa situazione diventa impossibile per l'elettrone ricongiungersi all'atomo iniziale perché l'energia richiesta per 'saltare' verso il nucleo è incommensurabile. Chiamiamo semplicemente questa dose smisurata di energia 'grazia'.

Quando tornai da Amma negli anni '90 dopo il mio primo allontanamento, avevo stabilito una serie di condizioni sul sentiero spirituale: si sarebbe svolto in un determinato modo, come nei primi tempi, e avrei potuto stare con Amma ogni volta che avessi voluto, come in passato. Ma non è così che funziona la vita. Quando questi miei desideri non erano appagati e queste aspettative non erano soddisfatte, mi abbattevo. Feci uno sforzo per riprendere la mia vita spirituale ma, come dice un'espressione buddista, non era lo 'sforzo giusto'. Invece di abbandonarmi e lasciare che il sentiero spirituale mi rigenerasse, avevo cercato di far coincidere il cammino con la mia visione limitata di come avrebbe dovuto essere.

Immaginiamo una persona sovrappeso entrare in un negozio di abbigliamento con in mente l'immagine del corpo che vorrebbe avere. Non essendo ancora dimagrita, questa persona non riesce a entrare in nessun vestito e così esce dal negozio irritata perché non ha trovato niente che le vada bene. Mi giustificai pensando di aver fatto uno sforzo, non volendo ammettere con me stessa che non era lo sforzo giusto.

La prima volta avevo lasciato Amma per una mia mancanza di equilibrio sul cammino, dovuta a un modo negativo di pensare, la seconda volta fu perché il sentiero spirituale non aveva soddisfatto le mie aspettative. Avevo abbandonato il sentiero stesso e sembrava proprio che fosse per sempre. Avevo fatto la scelta consapevole di accontentarmi di meno.

Non mi consideravo più una ricercatrice spirituale, l'amore per la meta si era prosciugato e la mia vita spirituale era diventata meccanica. Mentre oggi scrivo, sembra che questi motivi non fossero così seri e che avrei potuto sistemare le cose facilmente. Avevo però lasciato che la situazione si deteriorasse. Il più grande incidente sul cammino spirituale è creato dal nostro ego: prima la rottura del rapporto tra Guru e discepolo e poi la rottura del legame tra il ricercatore spirituale e il cammino.

L'ego si accorge che potrebbe essere sublimato e interviene per salvarsi la pelle! Le cose che all'inizio avevano poca importanza divennero enormi ostacoli perché le avevo sottovalutate e non mi ero curata di affrontarle subito. Quando si è sul cammino spirituale, una lieve sbandata dev'essere subito corretta. Amma fa spesso l'esempio di un uomo d'affari che ogni sera fa il bilancio dei guadagni e delle perdite della giornata. I ricercatori spirituali dovrebbero fare lo stesso e considerare conclusa la propria giornata solo dopo questo bilancio, altrimenti sarà molto difficile continuare il cammino alla presenza del Guru e rimanere nell'orbita. Dobbiamo coltivare a tutti i costi il nostro amore per la meta e mantenere un'attenzione vigile (shraddha) sui nostri progressi giornalieri.

Qualcuno potrebbe chiedersi perché Amma, se è onnisciente e onnipotente, non mi ha salvata. Ma la bellezza del suo modo di insegnare consiste proprio nel non forzare mai le cose. Amma ha detto più volte: "Quando il fiore è pronto ad aprirsi, si aprirà". Non si può forzare un bocciolo a schiudersi per godere della bellezza e del profumo del fiore. Una delle principali qualità di un ricercatore è la pazienza. Tuttavia, impariamo a diventare pazienti solo grazie a un maestro paziente, simile a una madre amorevole che cresce il suo amato figlio. Amma ha la pazienza dell'oceano e consente a ogni ricercatore di progredire al proprio ritmo. Questo è una delle più grandi testimonianze del metodo di insegnamento di Amma.

Così eccomi qui, da sola. Dal 1983, quando mi ero recata per la prima volta da Amma, fino al 1996, quando mi allontanai da lei per la seconda volta, la mia 'carriera' era stata quella di ricercatrice spirituale. Ripresi tutte le energie che avevo impegnato nella spiritualità e le investii nel mondo. Persino allora sapevo che niente avrebbe potuto eguagliare quello che avevo vissuto durante quei quattordici anni con Amma. Mi dicevo tuttavia che forse il mio problema era che dovevo imparare a essere meno esigente. Se avessi abbassato la soglia delle mie aspettative, forse sarei riuscita a strappare un po' di fugace felicità dal mondo, invece di continuare a sbagliare perché avevo mirato troppo in alto.

Avevo consacrato alla spiritualità altri quattro anni di sforzi, senza successo. Avevo tentato e fallito. Forse un giorno me ne sarei fatta una ragione, ma per il momento cercai di non essere troppo dura con me stessa, non aveva senso frustare un cavallo morto. Avrei cercato di recuperare qualche traccia di vita in Occidente, questa volta senza distruggermi. Tornai nel Nuovo Messico.

Decisi di riprendere la scuola e di studiare medicina. Tutti i miei precedenti studi scientifici all'università di Berkeley erano ormai superati, così frequentai un corso propedeutico allo studio della medicina presso l'università locale, giusto per vedere se avevo ancora la stoffa. Dovendo mantenermi agli studi, mi iscrissi contemporaneamente a un corso per diventare paramedico: mi sembrava una scelta professionale coerente con l'indirizzo che avevo scelto. Frequentai con profitto tutti i corsi e mi diplomai come Tecnico dell'Emergenza Medica (EMT). Divenni anche assistente presso il dipartimento di Scienze Naturali dell'Università del Nuovo Messico. Passarono così due anni.

A CASA DELLA NONNA

Mia nonna si ammalò e durante la pausa estiva mi recai da lei in Pennsylvania per prendermene cura. Aveva appena compiuto novantadue anni ed era adorabile. Le avevano recentemente diagnosticato il morbo di Alzheimer ma i sintomi della malattia erano molto lievi. Ci mettemmo a parlare dei tempi passati e questo fece affiorare un fiume di ricordi della mia difficile infanzia. Ora però stavo bene, grazie ad Amma ero stata curata dal trauma subito in quegli anni.

Amma. La dolcezza di questo nome! Perché la vita spirituale doveva essere così disorientante? Sì, nel profondo mi mancava e l'amavo ancora così tanto che quella notte, dopo molto tempo, pensando a lei piansi. L'avevo esclusa dalla mia vita, avevo tagliato i ponti, avevo smesso di essere una ricercatrice spirituale. Tutto questo era finito: non ero che una persona comune che tirava avanti e desiderava ardentemente un abbraccio.

Si avvicinava il week-end del 4 luglio (la festa dell'Indipendenza, N.d.T.) e realizzai che Amma sarebbe stata nei dintorni, forse a Chicago o magari a Washington DC, a sole quattro ore di macchina! Il mattino dopo mi stavo scervellando: come fare per procurarmi il programma del tour di Amma? Ma certo! Nel negozio di alimentari sullo scaffale dei quotidiani avrei trovato lo *Yoga Journal*! Dal 1987 compravamo uno spazio pubblicitario su questa rivista e quasi sicuramente avrebbero inserito il calendario del tour americano del 1988. Il programma di Amma a Washington DC si sarebbe svolto durante il fine settimana del 4 luglio. Che coincidenza!

WASHINGTON DC

Senza lasciare che la mia mente opponesse una qualche resistenza, mi organizzai in modo che qualcuno si occupasse di mia nonna in mia assenza, preparai una borsa da viaggio e saltai sul mio furgoncino diretta a sud. Avevo reagito in modo spontaneo, la mia anima scalpitava, aveva bisogno di vedere Amma e il mio ego aveva perso la partita. Stavolta fu più facile entrare nella sala, non era la prima volta, ma dovetti mettere da parte la vergogna e il rimorso – un piccolo prezzo da pagare considerando il modo regale in cui mi ero comportata.

Stavolta nessuno sembrò accorgersi di me, non era come quando ero andata a vedere Amma a Berkeley ed ero stata accolta con un caloroso benvenuto. No, stavolta fu molto discreto. Entrai nella fila del darshan e aspettai il mio turno, come tutti gli altri. Mentre mi avvicinavo ad Amma, mi resi conto che si era sparsa la voce "Kusuma è qui e sta andando al darshan", perché riconobbi tra la folla molti volti familiari. Fissai i miei occhi su Amma finché non mi guardò. Sorrise affettuosamente, il suo volto irradiava amore e mi prese tra le sue braccia. "Kusumam, Kusumam, ponnamol, mia cara figlia, mia cara figlia…". Entrambe piangemmo di nuovo e Amma mi tenne stretta, cullandomi senza lasciarmi andare. Mi venne in mente un canto che le canticchiai dolcemente all'orecchio:

Kannunir kondu nin padam kazhukam,
Katyayani ni kaivitalle…

Con le mie lacrime laverò i Tuoi piedi,
o dea Katyayani, ma Ti prego non abbandonarmi…

Amma mi fece sedere accanto a lei per un po' e ci mettemmo a parlare. Volle sapere come stavo e cosa facevo. "Sì, scuola di medicina, molto bene. Ti occupi di tua nonna, molto bene". Non c'era traccia di giudizio da parte sua ma l'atteggiamento questa volta era diverso. Benché l'energia di Amma fosse identica, andandomene una seconda volta avevo oltrepassato la linea. Per un po' rimasi seduta in silenziosa contemplazione, poi Amma mi chiese di andare a mangiare e volse la sua attenzione alla fila del darshan.

L'altra persona che incontrai fu Suneeti. A quanto pare aveva preso l'iniziazione formale perché era vestita di giallo! Mi sentii felice nel vederla venire verso di me attraversando la sala con altri amici. Era radiosa ed emanava pace. Adesso era Brahmacharini Nirmalamrita. Mentre camminavamo insieme verso la sala da pranzo notai che era molto dimagrita. Un ricordo degli anni passati riaffiorò lasciandomi una sensazione sgradevole. Dopo aver preso i nostri vassoi e trovato un angolo appartato, parlammo un po'. Mi congratulai di cuore con lei per aver preso l'iniziazione formale e aggiunsi che ero molto felice di vedere quanto amasse la sua vita e quanto stesse crescendo spiritualmente. I suoi occhi brillavano e ora che eravamo sedute potevo realmente sentire quanto fosse cresciuta l'atmosfera di pace che emanava da lei.

Pensava che la scuola di medicina fosse un'ottima scelta per me, e anche il Nuovo Messico le sembrava un buon posto. Sapeva che adesso quella era la mia casa ma non lo disse. Neppure da parte sua c'era il minimo giudizio, era sinceramente felice di vedermi. Sentii un'apertura e le chiesi della sua salute. Sì, andava tutto bene. Disse che era stanca, controllare le iscrizioni per i ritiri era un lavoro impegnativo. Essere in tour era faticoso, è vero. Ma quando le chiesi se continuava a sottoporsi ai controlli medici annuali guardò da un'altra parte e rispose: "Non proprio". Non andai oltre.

Sapevo che era molto impegnata quella notte e così la salutai. Avevamo ancora tantissime cose da raccontarci ma il nostro tempo stava giungendo al termine. Molti altri amici mi avevano riconosciuta e vennero a salutarmi, così ci scambiammo un abbraccio veloce e uno sguardo pieno di significato e ci separammo. Sentii un nodo alla gola, era andata via. Avevo visto qualcosa, ma cosa? Forse non era niente, solo il frutto della mia immaginazione.

Tutti gli swami mi vennero a salutare e mi chiesero della mia salute, dei miei progetti, della mia famiglia. Il modo con cui mi parlavano era affettuoso e sincero, la loro gentilezza mi commosse. Quanto doveva averli feriti la mia seconda partenza da Amma! Dopo tutte le prove che avevamo affrontato insieme, credo fossero davvero felici di vedermi e di sapere che stavo bene. Erano ancora i miei fratelli spirituali e non mi avrebbero voltato le spalle né mi avrebbero giudicata severamente, questo era chiaro.

Mi congedai da Amma e tornai in Pennsylvania. Non sarei riuscita ad assistere al Devi Bhava per una buona ragione: era già abbastanza difficile digerire il fatto di vedere Amma e di confrontarmi con la mia vita passata in condizioni così diverse.

PROVA, PROVA, UNO... DUE... PROVA

Cominciai a impegnarmi seriamente per il test d'ingresso alla facoltà di medicina. Ci sarebbe voluto un intero anno per prepararmi. 'Un anno', pensai, quante cose avevo fatto in 'un anno'. Lasciare che la mia mente vagabondasse nel passato non mi avrebbe aiutata a concentrarmi, così non glielo permisi. Latino, fisiologia, anatomia, chimica, biologia: mi girava la testa.

IL MESE DI MAGGIO

Maggio era un mese importante. Innanzitutto c'erano gli esami finali per l'ultima parte del mio corso propedeutico e a fine mese avevo il test d'ingresso a medicina. Se l'avessi superato, avrei potuto iscrivermi a una facoltà di medicina alla fine dell'estate. Avevo ricominciato a recitare il mantra, in realtà l'avevo ripreso già da Washington DC, ma in seguito intensificai la pratica. Mi dava molta pace e concentrazione. Non ero sicura di averlo meritato, ma questa è un'altra storia. Poi squillò il telefono.

Era Hari Sudha che chiamava da Berkeley: Suneeti, Nirmalamrita, era tornata dall'India ma le notizie non erano buone: era di nuovo malata, molto malata, e voleva vedermi. Questa era la ragione per cui Hari mi aveva chiamata. Potevo partire subito? Cercai di capire quanto fosse urgente. Voglio dire, ero nel Nuovo Messico, gli esami sarebbero cominciati la settimana dopo, e poi, e poi... lo sapevo. Sapevo perché aveva chiamato.

"Sì, Hari, certo, arrivo subito. Dì a Suneeti che appena metto giù il telefono mi organizzo per prendere un aereo". Riagganciai e mi misi in moto. Si trattava dunque di questo: aveva fatto la scelta di cui avevamo parlato anni prima e adesso stava per morire. Era questo che avevo percepito l'anno prima ma non ero riuscita ad afferrarlo. Infilai dei vestiti nello zaino e guidai fino al campus dal mio professore di chimica. Conoscevo Suneeti, sapevo di non avere molto tempo.

Chimica era il mio primo esame, il professore era nel suo ufficio. Vedendomi, capì immediatamente che c'era qualcosa che non andava e interruppe quello che stava facendo: "Sì, sì, entra pure. Cosa c'è Gretchen? Che succede?"

Gli dissi che non avrei potuto sostenere l'esame poiché la mia migliore amica era ricoverata in ospedale in California.

"Oh, sembra molto grave. Sì, sì, certo, devi andare... Aspetta solo un minuto, fammi vedere i tuoi voti. Mhhh, bene, sei la migliore della classe. Ascolta, sembra proprio che sia qualcosa che devi fare. Considerati esonerata dall'esame. Non preoccuparti, i tuoi voti fino ad ora saranno sufficienti.. Spero che la tua amica si riprenda".

Mentre mi dirigevo verso il parcheggio mi tremavano le ginocchia. L'aeroporto di Albuquerque era a due ore di macchina e il volo sarebbe atterrato a Oakland a tarda sera. Hari Sudha mi venne a prendere e mi raccontò cosa stava succedendo: il cancro era a uno stadio avanzato. Suneeti era appena tornata dall'India nella Bay Area per sottoporsi a un trattamento. Il medico che le aveva salvato la vita due volte si stava occupando di lei. Sapevo che aveva saltato i controlli annuali chissà quante volte, me l'aveva accennato a Washington l'anno prima. Sentivo nel profondo che lei sapeva che il tumore aveva ripreso a crescere e aveva scelto la seconda soluzione.

Il mattino dopo, quando entrai nel reparto di Terapia Intensiva, Nirmalamrita, seppur visibilmente malata, irradiava pace. Nessun altro tranne Amma emanava una tale pace. Il male si era diffuso ovunque. Impossibile che una persona come Nirmalamrita, sopravvissuta a due tumori, non sapesse che la malattia era ricomparsa e stava progredendo da molto tempo. Ci guardammo negli occhi mentre le tenevo la mano. Mi sorrise molto dolcemente, non ci vedevamo da più di un anno. Era calma e lucida, i suoi occhi erano due punti di luce bianca che penetravano nei miei.

Riconobbi di nuovo lo sguardo di Amma. Con tono sommesso le chiesi se lo aveva capito, fece un segno affermativo col capo. Aveva dunque agito nel modo di cui avevamo parlato molti anni prima? "Sì", rispose debolmente, stringendomi la mano. "Inutile sprecare soldi, voglio essere qui con Amma quando viene, era questo il mio progetto..." La interruppi e le dissi di risparmiare le energie per incontrare Amma qualche settimana dopo. "Quello che mi stai dicendo lo so già".

Poi andò dritta al punto. Mi chiese perché avevo lasciato Amma. "Era una questione di salute?" "No". Risposi che ero stata assalita dalla paura e che non credevo più in me stessa. Avevo permesso alla mia negatività di prendere il sopravvento. "Sarei mai ritornata? Per sempre e non solo per una visita?" Sentii un nodo alla gola e non riuscii a rispondere. Mi disse che questo era uno dei suoi desideri in punto di morte.

L'ora di visita era finita, dovevo andare.

Il mattino seguente tornai in ospedale. Nessuno, tranne i familiari stretti, poteva entrare nel reparto di Terapia Intensiva per vedere Nirmalamrita. Venni considerata parte della famiglia ed ebbi l'autorizzazione. Mentre mi preparavo a entrare nella zona sterile per accedere alla sala degenza, vidi Sabari, una delle più care amiche di Nirmalamrita, anche lei reduce dal cancro, che cercava di attirare la mia attenzione. Andai verso di lei e capii la sua angoscia: non le permettevano di entrare, ma voleva dire arrivederci a Nirmalamrita, era molto importante per lei. "Potevo aiutarla in qualche modo?" Ci pensai un momento e poi le dissi che le avrei ceduto il mio tempo di visita. Distrassi gli infermieri e in tal modo Sabari e Suneeti riuscirono a incontrarsi per l'ultima volta.

Quella notte Nirmalamrita ebbe un attacco di cuore ed entrò in coma. Uscì dal coma in tempo per ricevere una telefonata da Amma e lasciare questo mondo una settimana dopo. Quando le chiesero della morte di Nirmalamrita, Amma rispose che si era fusa nel cuore di Amma e aveva realizzato Dio.

Brahmacharini Nirmalamrita era rimasta accanto ad Amma senza essere consumata dalla chemioterapia, ma prestando servizio come coordinatrice per tutti i ritiri spirituali di Amma all'estero fino a poche settimane prima della sua morte. Aveva potuto trascorrere dieci anni servendo Amma come rinunciante in India. Niente male per una persona che è stata colpita tre volte da un tumore. Suneeti sapeva da anni che sarebbe stato il cancro a portarla via, ma alle condizioni dettate da lei e non altrimenti.

Una delle frasi di Amma preferite da Nirmalamrita era quella sull'aspirante spirituale che dovrebbe avere lo stesso intenso desiderio per la vita spirituale di chi è intrappolato in una casa in fiamme e cerca un'uscita. Durante la lezione, Suneeti disegnava sempre delle fiamme sul margine dei suoi quaderni di sanscrito mentre io disegnavo fiori di loto e dee danzanti. È stata una delle rare persone a vivere pienamente gli insegnamenti di Amma e tutti quelli che l'hanno conosciuta sono migliorati dopo aver trascorso del tempo con lei.

GIUGNO INQUIETO

Ebbene, questo evento cambiò completamente il mio stato d'animo. Tornata in Nuovo Messico, mi dedicai agli altri esami ma non ero più motivata per sostenere il test d'ingresso a medicina, avrei potuto rimandarlo al mese successivo senza troppe conseguenze per i miei programmi. In ogni caso, dovevo ritrovare lo stimolo a studiare e questo non era facile. Esaminai a fondo la mia anima: Amma sarebbe stata a Santa Fe a giugno e non vedevo l'ora di incontrarla.

Il suo programma si teneva nella riserva naturale di Santa Fe, in un tempio costruito per Amma da Steve e Amrita Priya Schmidt nella loro proprietà. Non poteva esserci un posto più piacevole per incontrare Amma di nuovo, con i pini profumati che arrivavano a sfiorare il tempio ricco di ricordi e il cielo stellato del Nuovo Messico. Arrivai per i bhajan della sera, ascoltarla di nuovo cantare era meraviglioso. Dopo l'arati uscii a guardare le stelle e sentii nascere in me un'ispirazione. Entrando dalla porta posteriore del tempio, mi feci strada sul palco. Amma era seduta in basso, di fronte al palco, e stava già dando il darshan. Una cara amica, Swarna Iyer, stava suonando l'harmonium. Mi sporsi per catturare la sua attenzione e le chiesi di poter offrire un canto. Credo fosse sorpresa per due motivi: ero l'ultima persona che si aspettava di vedere e non avevo mai cantato, ma accettò e mi domandò: "Quale bhajan?" "*Iswari Jagad-Iswari*".

Così cantai per Amma, per la prima volta da quando, in una notte stellata di molti anni prima, avevo cantato la stessa canzone mentre lei si allontanava dal Kalari per fare un giro. Quando cantai il primo verso, Amma si girò per guardarmi, senza mostrare alcuna sorpresa. Sapeva già chi stava cantando:

IIswari jagad-iswari paripalaki karunakari
Sasvata mukti dayaki mama khedamokke ozhikkanne...

O Dea, Dea dell'universo,
o Protettrice, Tu che accordi la grazia e l'eterna liberazione,
Ti prego, liberami dalla sofferenza...

Andai al darshan. Ora tra me e Amma c'era un sentimento di serenità e fui avvolta da un'intensa pace. Qualcosa era tornato al suo posto, non so cosa, ma non aveva importanza. Sedetti vicino a lei a lungo e assaporai il gusto della devozione. Giunse infine il momento di partire e tornai indietro nella profonda notte stellata.

DEPRESSIONE

La finestra estiva per il test d'ingresso a medicina arrivò e si concluse. Ero caduta in depressione e mi domandavo cosa stessi facendo. Ero rimasta abbagliata dalla bellezza della relazione tra Nirmalamrita e Amma. Quante persone arrivate da Amma avevano tratto così tanto profitto? Come avevo potuto abbandonare tutto quando la mia vita con Amma era così promettente? Amma era un Maestro che aveva realizzato Dio, non avevo dubbi. Erano stati i dubbi su me stessa a inghiottirmi, non mettevo in discussione né la spiritualità, né Amma. Mi era mancata la convinzione quando avevo cercato di praticare vivendo alla sua presenza. Avevo semplicemente gettato la spugna.

Una volta fatta quella scelta, come potevo trovare la pace vivendo nel mondo? Ecco la domanda che continuava a girarmi in testa. Avevo fatto bene a dedicare più di due anni per prepararmi a frequentare la Facoltà di Medicina? Perché, se non fosse stato così, avrei fatto meglio a cambiare subito.

Un pomeriggio, sfogliando le pagine gialle, un annuncio catturò la mia attenzione: 'Consegui il tuo master in lettere classiche orientali al College St. John di Santa Fe.

Hmm, interessante. Telefonai per chiedere informazioni. Si trattava di un programma intensivo di un anno. Si poteva scegliere una lingua tra il cinese e il sanscrito e le materie di studio erano scritture originali dell'induismo, del buddismo e del taoismo. Andai sul posto per un colloquio e fui ammessa al programma, i corsi sarebbero iniziati la settimana successiva. Mi sembrava una scelta onesta, avere il tempo di studiare i grandi libri d'Oriente e pensare a quei concetti per un anno. Come poteva non aiutarmi in questo momento?

Da cosa nasce cosa. Dovevo rispondere al dubbio assillante su cosa fare della mia vita ora che avevo lasciato Amma. Mi ero orientata in una direzione, la Facoltà di Medicina, ma mi ero scoraggiata e mi ero rivolta verso qualcosa di più familiare, la spiritualità. Che cosa c'era che non andava in me? Perché non potevo semplicemente accontentarmi di quello che la vita mi offriva? Perché avevo uno spirito così inquieto?

Da cosa nasce cosa. Mentre studiavo per il master incontrai mio marito. Entrambi volevamo avere dei figli. Rimasi incinta la prima notte di nozze. Mentre nasceva la nostra bambina, misi come sottofondo musicale un CD con il canto "Ananta Srishti Vahini". In ospedale, quando con l'infermiera le lavammo per la prima volta la testa, recitavo mantra vedici. Senza dircelo, mio marito e io scegliemmo lo stesso nome per nostra figlia: Mirabai. Mio marito non condivideva la mia stranezza spirituale ma l'accettava. 'Forse cambierà', pensavo. Portai Mirabai da Amma per farla benedire.

Cosa poteva dire Amma? Lei ci ama sempre, qualsiasi cosa accada. Fu però difficile entrare nella sala del darshan dopo aver fatto una scelta così evidentemente diversa. Me n'ero andata e avevo fatto quello che volevo: questa era una dichiarazione di chi ero, non qualcosa che Amma aveva fatto. Adesso ero una devota, una relazione nobile, forse più adatta a me: amare Amma a distanza. Ma perché la mia anima non era soddisfatta? Perché non potevo rilassarmi e godermi ciò che la vita mi aveva offerto?

2007 – NON È MAI TROPPO TARDI

Tutto accadde molto rapidamente quell'anno. A mia mamma era stato diagnosticato un tumore un anno prima e non tollerava bene la terapia. A mio padre fu diagnosticato un cancro ad aprile e morì a Boston poche settimane dopo, prima che potessi raggiungerlo per dirgli addio. Il mio diciannovesimo anno in Saturno finì. Il mio matrimonio si stava sgretolando e tornai ad Amritapuri con mia figlia. Ufficialmente perché Amma benedicesse le ceneri di mio padre, ma in realtà ne avevo abbastanza.

Vidi finalmente la luce. Era così semplice, eppure vi ero passata accanto per anni. Amma era qui tra noi e la mia anima anelava a percorrere il cammino spirituale che lei offriva. L'amore per l'amore, la devozione, perché era il sentimento più elevato, l'unico che era riuscito a distruggere tutte le barriere che mi ero costruita. Avevo acquisito abbastanza maturità per vedere che ero stata io ad allontanarmi e che solo io potevo liberarmi. Avevo anche capito che non è mai troppo tardi per tornare e provare di nuovo.

Stavolta tornai per la gioia di tornare, per la dolcezza dell'amore, l'amore divino, quell'amore che non ho mai trovato in nessun posto nel mondo, in nessuna delle mie peregrinazioni. Tutti gli anni passati lontana da Amma in un mondo che contiene solo vane promesse, morte e illusione, guadagni e perdite materiali, egoismo e desiderio. Tornai per il più profondo e vero significato che offre la vita spirituale. Tornai per esaudire il desiderio di una sorella morente.

Tornai per provare a me stessa che avevo il coraggio di affrontare quello che andava fatto per rimettere le cose a posto. Per stare in piedi di fronte ad Amma e alla comunità e raccontare loro del mio viaggio nelle tenebre e di come avevo trovato la strada del ritorno. E per crescere mia figlia alla magnifica presenza di Amma, sapendo che questo è il dono più grande che una madre possa fare a una figlia. Le mie insignificanti divergenze non avevano più importanza, per me era giunto il momento di godere della presenza di Amma e servire come meglio potevo, senza ansia, senza aspettative. Solo per la pura gioia di essere alla presenza di Dio e di esserne testimone. Per ritrovarmi qui con la mia bellissima e ispirante comunità e per servire con tutto il mio cuore. Amma mi ha restituito il sorriso. Non è mai troppo tardi!

Il viaggio continua

Nel momento in cui scrivo, sono passati cinque anni da quando sono tornata all'ashram di Amma di Amritapuri per viverci con mia figlia Mirabai. Cinque meravigliosi anni che competono e superano l'indescrivibile dolcezza dei miei primi anni con Amma.

Ho dovuto passare attraverso un percorso estremamente difficile, la vittoria del ritorno è tanto più dolce quanto più lo sforzo è stato grande. A volte dobbiamo superare enormi difficoltà sul sentiero spirituale, nel mio caso sono state proprio queste traversie a condurmi alla gioia profonda che provo oggi. Come pentirmi di questo viaggio? Agirei diversamente se ne avessi l'opportunità? Certo. Ma il vero rimpianto sarebbe stato se non fossi ritornata da Amma! L'importante non è non cadere ma rialzarsi e continuare ad andare avanti.

Ho imparato a vedere ogni situazione come *prasad* (offerta benedetta) di Amma, a non reagire nei momenti difficili e a non rifiutarli perché la loro funzione è quella di farci progredire spiritualmente se li assimiliamo nel modo giusto. Amma ci ricorda sempre che non ci sono fallimenti nella nostra vita, solo gradini che portano alla vittoria finale.

Avendo attraversato l'oscurità, oggi sono più matura e radicata nella vita spirituale e capisco che i miei primi anni con Amma hanno posto delle solide fondamenta sulle quali costruire una vita spirituale che mi condurrà alla meta. È stato essenziale imparare a credere in me stessa, questo è quello che mi mancava all'inizio del mio percorso spirituale. Perché ora so, senza ombra di dubbio, che ciò che voglio nella vita è servire Dio negli altri. Avere mia figlia al mio fianco è fondamentale. La rinunciante che ero a vent'anni non è separata dalla madre che sono oggi. Dopotutto, Amma dice che non è il *sannyasa* (rinuncia) esteriore che conta ma quello interiore: superare le nostre preferenze e avversioni, anteporre gli altri a noi stessi, vivere con la consapevolezza che tutto ciò che consideriamo come nostro ci è stato donato per qualche tempo da Dio e un giorno o l'altro ci lascerà.

La mia vita attuale è la continuazione di un viaggio cominciato più di trent'anni fa in una libreria di Copenhagen. Nel regno del mio cuore sono ancora alla ricerca della Madre Divina che servo nella forma vivente che chiamiamo 'Amma'. La servo perché il mondo diventi un posto migliore, questo è il vero servizio al Guru. Non sappiamo cosa la vita ci riservi: nel bene o nel male non possiamo scegliere. Nei primi anni con Amma, non avrei mai immaginato di incontrare tutti questi ostacoli sulla mia strada, ma lei ci insegna che quello che fa la differenza è come scegliamo di reagire di fronte alle difficoltà.

Viaggiando per il mondo, avendo come bagaglio la speranza e la preghiera e facendo del mio meglio per portare Amma dai suoi figli, sono riuscita a superare molte prove e tribolazioni. Ma non è stato altrettanto facile vincere i miei nemici interiori, vale a dire la mia stessa negatività. In tutti e due i casi c'erano delle sfide da affrontare, una esteriore e una interiore. Ho dovuto cercare il giusto approccio per superarle entrambe, per capire su cosa dovevo lavorare in questa vita con Amma. Nelle Scritture si dice che ci sono tre tipi di discepoli: quelli che imparano grazie a quello che viene detto loro, quelli che imparano osservando l'esperienza altrui e quelli che lo fanno attraverso la propria esperienza: ovviamente io appartengo al terzo gruppo!

Ho sperimentato la verità che Amma è sempre con me, comunque sia, e che non abbandona mai i suoi figli. Ho imparato a tutti i livelli che non è mai troppo tardi. Vivo di nuovo la mia vita spirituale alla presenza divina di Amma, più felice che mai, a fianco di mia figlia; Amma ci guida entrambe mostrandomi che non esistono ostacoli così grandi da fermare la Madre Divina, eternamente vittoriosa.

Vorrei raccontare un'ultima storia: quando Mirabai venne ad Amritapuri per la prima volta aveva cinque anni. Vide che le persone ricevevano un mantra e volle sapere cosa fosse. Le spiegai quindi il principio di base della recitazione del mantra e come esso ci possa portare pace e saggezza se ripetuto con attenzione. Mi fece domande anche sul concetto di *ishta devata* (divinità prediletta) che si sceglie per ottenere un mantra.

Ricordiamoci che aveva cinque anni! Le elencai dunque le diverse divinità: la Madre Divina, la Madre Divina nella forma di Amma, il Signore Krishna, Kali Mata, Buddha, Gesù Cristo, il Signore Shiva... Quando arrivai a Shiva volle sapere se si trattava del dio vestito con pelli di animale. Dissi di sì, aggiungendo che cavalca il toro Nandi sull'Himalaya. Annuì contenta e disse: "È lui che voglio!". 'Wow', mi dissi, 'qui c'è qualcuno che sa quello che vuole!' È forse un caso che sia mia figlia e che sia giunta da Amma così presto solo per il mio forte desiderio di tornare ad Amritapuri?

Il giorno dopo andammo da Amma per il darshan e Mirabai le disse: "Mantra per favore!". Amma annuì guardandola intensamente. Poi mia figlia si sporse in avanti come per confidarsi con lei e la sentii dire "Shiva mantra", per essere sicura che Amma sapesse quale mantra darle! Ebbene, Amma trovò la cosa così divertente che ripeté le parole di Mirabai a tutti quelli che le stavano intorno. Rimanemmo sveglie fino alla fine del programma e Mirabai ricevette l'iniziazione al mantra (*mantra diksha*) quella stessa notte. Mi sentii infinitamente benedetta per essere sua madre. Sembrava che stesse cominciando molto presto il viaggio spirituale con il miglior Guru al mondo.

Un anno dopo, quando aveva sei anni, Mirabai e io eravamo in fila per il darshan. Vidi che stava scrivendo un biglietto per Amma. A un certo punto mi sussurrò: "Mamma, come si scrive Amrita Vidyalayam?" Glielo dissi, curiosa di sapere cosa avesse in mente. Quando venne il nostro turno per l'abbraccio, diede il biglietto ad Amma e la brahmacharini accanto ad Amma lo tradusse.

Con un sorriso smagliante, Amma disse in inglese: "Sì, sì! Ok, ok!". Di sua stessa iniziativa, Mira le aveva chiesto il permesso di frequentare la scuola di Amma in India. E così è stato. Il grembiule a quadretti, i calzini corti e tutto il resto! All'inizio non le è stato affatto facile adattarsi, ma non si è data per vinta. Adesso Mira frequenta il quarto anno della scuola Amrita Vidyalayam di Amma ed è molto brava, malgrado tutti i compiti che deve fare in ben tre lingue diverse: malayalam, hindi e sanscrito! Ogni volta che si lamenta dicendomi che non vuole più andare a scuola, le rispondo di parlarne con Amma perché hanno preso questa decisione insieme.

Percorrere il sentiero dell'amore con mia figlia Mirabai è una benedizione che va oltre ogni idea che avevo della maternità. Mia figlia sta crescendo forte e sicura di sé e mi tiene costantemente all'erta! Mi insegna ciò che ho avuto difficoltà a imparare da Amma: la pazienza, la tolleranza, l'empatia, il servizio disinteressato, l'amore incondizionato, il donare senza aspettative, il distacco dai risultati delle nostre azioni, la stabilità mentale. Tutte qualità di cui una madre deve fare prova ogni giorno. Non che Amma non me le abbia insegnate, mi ha sempre dato l'esempio, ma io ero restia a imparare. Per essere in grado di allevare un figlio che sa quello che vuole, è necessario sviluppare queste qualità! Amma ha il dono di essere una Madre per il mondo. Quale posto migliore di Amritapuri per crescere un figlio con dei valori spirituali? Gli amici che Mira si fa all'ashram di Amma saranno suoi amici per la vita. Ogni volta che possono, giocano a nascondino e ad acchiappino attorno all'albero di banyan di fronte al tempio di Kali, finché non è ora di correre vicino ad Amma per i bhajan.

Sono arrivata finalmente a intravedere la profonda armonia presente in tutte le vicissitudini del mio viaggio. Ho impiegato anni per capire le lezioni che altri avrebbero appreso in un giorno. Ma questa è stata la mia storia, con tutte le sue imperfezioni. Ho imparato a non giudicare. La cosa più importante è che, quando tengo la mano di Amma, lei mi mostri che sono io l'artefice del mio destino. Amma mi accompagnerà tanto lontano quanto io sarò pronta ad andare. Di sicuro.

Sì, sono stata benedetta a essere stata lo strumento che ha permesso al mondo intero d'incontrare Amma. Sì, sono stata benedetta a essere presente agli albori dell'ashram e ad avere vissuto un addestramento spirituale intensivo con lei. Avendo vissuto ad Amritapuri allora e vivendoci adesso, posso tuttavia affermare con sicurezza che l'intensità che c'era nei primi tempi è presente ancora oggi per chi vuole approfittarne. La nostra relazione con Amma è come noi la creiamo e così è sempre stato, il giorno in cui la incontrai e ancora adesso. Siamo noi che poniamo dei limiti. Quello che siamo disposti a dare determina la velocità con la quale raggiungeremo la meta.

AMRITAPURI OGGI

Non c'è mai stata così tanta gente all'ashram, ma questo non significa che ci siano meno opportunità per realizzare il Sé o meno spiritualità rispetto ai vecchi tempi. Amma è un Maestro illuminato e questo è il suo ashram: la sua grazia scorre con la stessa energia di sempre, sta a noi aprirle il nostro cuore e, quando lo facciamo, lei arriva di corsa. Amma è qui con la stessa infinita potenza, trascorre ore e ore con noi, guida migliaia e migliaia di persone sul sentiero spirituale senza sforzo, a notte fonda ha la stessa freschezza e allegria di quando è arrivata al mattino. È sempre tra noi: giunge nella sala darshan a metà mattina e molto spesso vi resta fino all'alba del giorno dopo. Rientrata nella sua camera, vi rimane solo poche ore e poi esce di nuovo per un altro darshan.

Amma partecipa pienamente a tutti gli aspetti della vita dell'ashram e ci guida con entusiasmo nella meditazione, nei satsang, nell'archana, nei bhajan e nel servizio disinteressato. In tutti questi anni, non l'ho mai vista prendere un giorno per se stessa. Non esiste un Maestro spirituale più disponibile, che doni più tempo ed energia di lei. Amma rende ogni aspetto della vita spirituale divertente e pieno di dolcezza. Ha sempre vissuto la sua vita apertamente: chiunque può andare da lei e parlarle.

Esiste un'altra persona su questa terra che doni più di se stessa per il bene del mondo? Amma abita nella stessa piccola stanza in cui viveva quando l'ho conosciuta, nel posto più rumoroso e centrale dell'ashram, proprio accanto a dove escono i fumi della cucina e dalla sua finestra non si gode nessuna vista. Ciò nonostante, non vuole che si spenda del denaro per il suo confort personale. Non prende niente per sé, tranne i problemi del mondo che carica sulle sue spalle, e dona costantemente pace e aiuto a chi viene per ricevere la sua benedizione.

EMBRACING THE WORLD

Mentre ero impegnata a cercare di mettere ordine nella mia vita, anche Amma era occupata. All'inizio ciò che faceva non riguardava che una manciata di persone che poi divennero una dozzina, quindi un centinaio e in seguito decine di migliaia. Fino ad oggi, oltre trentadue milioni di persone hanno fatto l'esperienza dell'abbraccio divino di Amma. Dopo averla incontrata e aver trascorso del tempo con lei, tutti hanno una storia speciale da raccontare. C'è il 'prima che incontrassi Amma' e il 'dopo aver incontrato Amma'. Grazie alle sue braccia protettrici, le nostre vite sono imbevute della fragranza della pace, della felicità e della tenerezza. Tutto comincia da lì, da quando si posa la testa sulla sua forte spalla. Senza chiederci niente, Amma ci dona un tesoro più prezioso dell'oro: l'opportunità di servire disinteressatamente gli altri, espressione del nostro amore per Dio in un mondo che ha un disperato bisogno di amore. Questo Maestro perfetto, questa grande benefattrice, ha ispirato milioni di persone a fare del bene in più di sessanta paesi in tutto il mondo.

In soli venticinque anni, Amma ha creato una vasta rete internazionale di attività umanitarie che hanno lo scopo di soddisfare i bisogni primari in qualunque momento e in ogni luogo possibile. Costruire case per i senzatetto, assegnare borse di studio a ragazzi in età scolare, avviare corsi di formazione professionale nelle zone rurali o campi medici negli angoli più remoti d'India, intervenire prontamente per alleviare la sofferenza delle vittime di calamità naturali, migliorare il tenore di vita degli indigenti grazie all'accesso all'acqua potabile, creare gruppi giovanili basati sui valori, proteggere l'ambiente, promuovere una grande quantità di progetti di ricerca a scopo umanitario. I devoti di Amma hanno chiamato questa rete caritatevole 'Embracing the World' (Abbracciando il Mondo, N.d.T.), come omaggio all'abbraccio disinteressato che Amma dona a ogni persona che va da lei per tutto il tempo che serve, ogni giorno della sua vita. Questo gesto è il motore di un vastissimo movimento umanitario che sparge i semi della compassione in tutto il mondo.

Dal 1987, Amma ha viaggiato in sei dei sette continenti della terra e ha condotto programmi in ventisei paesi: Australia, Austria, Belgio, Brasile, Canada, Cile, Emirati Arabi, Finlandia, Francia, Germania, Gran Bretagna, Irlanda, Italia, Giappone, Kenya, Kuwait, Malesia, Mauritius, Paesi Bassi, Russia, Singapore, Spagna, Sri Lanka, Stati Uniti, Svezia e Svizzera. Da oltre venticinque anni, anche il territorio francese della Réunion ospita i suoi programmi.

Amma ha inoltre inviato i suoi discepoli a tenere programmi in trentotto paesi che lei non ha ancora visitato e dove esistono centri, attività o progetti di servizio in suo nome. Le nazioni in cui essi si recano sono la Bulgaria, la Repubblica Ceca, la Danimarca, l'Estonia, la Grecia, il Lussemburgo, la Norvegia, la Polonia, il Portogallo, la Slovenia, la Turchia e l'Ungheria in Europa; l'Argentina, la Colombia, la Costa Rica, Haiti, il Messico, il Perù e il Venezuela in Sud America e Centro America; la Cina, Hong Kong, l'Indonesia, le Filippine, la Tailandia e Taiwan in Asia; il Bahrain, l'Egitto, Israele, la Giordania, il Libano, l'Oman e il Qatar in Medio Oriente; Fiji, Guam, Papua Nuova Guinea e la Nuova Zelanda in Oceania; il Botswana e il Sud Africa in Africa.

Negli annali di storia non è menzionato nessuno che abbia vissuto e abbracciato il mondo, in senso letterale, come Amma, la cui compassione attiva e la cui saggezza onnicomprensiva scorrono come un torrente di pura grazia. Le generazioni future leggeranno scritti su Amma che ricorderanno loro il vero sacrificio e servizio disinteressato.

Quando mi fermo a riflettere su quanto si sia ampliata l'opera umanitaria e spirituale di Amma da quando ho lasciato l'America ventinove anni fa per cercare la Madre Divina, mi sento onorata di aver potuto svolgere un piccolo ruolo nello sviluppo della sua missione. Mi chiedo anche se, piuttosto che alla fine, non siamo in realtà solo all'inizio di questa storia.

Glossario

Arati: rituale in cui viene fatta ondeggiare davanti alla divinità una fiamma di canfora ardente, a simboleggiare l'abbandono del sé a Dio o al Guru. Come la canfora, anche l'ego brucia senza lasciare traccia.

Archana: recitazione silenziosa o a voce alta, dei 108 o dei 1.000 nomi di una divinità (ad esempio il Lalita Sahasranama contiene i mille nomi di Lalita).

Ashram: centro spirituale in cui vive una comunità di ricercatori spirituali.

Avatar: incarnazione di Dio in forma umana.

Bhajan: canti devozionali.

Brahmacharin(i): uomo o donna rinunciante che dedica la vita al servizio di Dio e, per raggiungere la meta, pratica il celibato e il controllo dei sensi.

Brahman: la Verità ultima al di là degli attributi, il sostrato onnisciente, onnipotente, onnipresente dell'universo.

Tempio Brahmastanam: speciale tempio consacrato da Amma contenente una statua della divinità a quattro facce rivolte verso i quattro punti cardinali, a rappresentare l'Unità nella diversità. Entrando nel tempio, la prima faccia raffigura la Madre Divina, la seconda Ganesha, il dio dalla testa di elefante che rimuove gli ostacoli, la terza il Signore Shiva, simboleggiato dalla sua rappresentazione astratta - lo Shiva lingam - e la quarta Rahu, un pianeta ostile i cui influssi negativi sulla vita di una persona possono essere neutralizzati attraverso specifici rituali.

Bhasmam: cenere sacra, chiamata anche vibhuti.

Chakra: centri energetici nel corpo.

Darshan: significa letteralmente 'visione', ma nel contesto di questo libro indica l'incontro con un santo e la sua benedizione.

Devi Bhava darshan: darshan in cui Amma mostra la disposizione interiore della Madre Divina. In particolare, si riferisce a quando Amma siede nel tempio indossando un magnifico sari, adorna della corona della Madre Divina, per benedire i devoti che vengono a ricevere il suo darshan. In tale occasione Amma rivela in maniera più evidente la sua unità con la Madre Divina.

Diksha: iniziazione.

Hari Katha: la storia del Signore. Narrazione musicale della vita di un santo, di un saggio, di un dio o di una dea.

Ishta Devata: la 'Divinità beneamata'; forma del Divino che diventa l'oggetto della meditazione.

Japa: ripetizione del mantra; si esegue solitamente in cicli di 108 ripetizioni.

Kindi: vaso cerimoniale di ottone usato per l'acqua.

Kirtan: canti devozionali.

Kumkum: polvere rossa che viene applicata in mezzo alle sopracciglia (terzo occhio). Il kumkum è associato alla Madre Divina.

Mahatma: letteralmente 'Grande Anima'; chi dimora nello stato di unità con il Sé universale.

Manasa puja: rituale di adorazione mentale.

Mantra: formula sacra; sequenza di parole o sillabe sanscrite che purificano l'atmosfera e la mente del praticante.

Mantra Diksha: iniziazione al mantra; ricevere il mantra diksha da un Mahatma (Grande Anima) è considerato un'immensa benedizione. Durante l'iniziazione il Mahatma accorda la sua benedizione e trasmette parte della sua coscienza risvegliata all'aspirante spirituale.

Mantra Shakti: potere del mantra, in particolare quello conferito da un'Anima Realizzata come Amma.

Maya: Illusione cosmica, il potere di Brahman.

Murti: statua di una divinità.

Mridangam: tamburo a due facce.

Pada puja: abluzione rituale dei piedi del Guru come espressione di amore e rispetto, eseguita riconoscendo la Verità suprema che i piedi del Guru rappresentano.

Peetham: seggio offerto alla divinità. Qui il termine si riferisce generalmente al seggio sul quale Amma siede durante il Devi Bhava darshan.

Pranam: prostrazione o dimostrazione di rispetto compiuta inchinandosi di fronte alla divinità o al Guru.

Prasad: offerta benedetta; dono di un santo o di un tempio, spesso sotto forma di cibo.

Prema: l'Amore supremo, divino, o l'Amore incondizionato.

Rajasic: aspetto attivo delle tre qualità della natura: tamas, rajas e sattva.

Sadhana: pratiche spirituali che purificano chi le esegue; la meditazione, il mantra japa, lo studio delle scritture, lo yoga, il satsang e il servizio altruistico fanno parte della sadhana.

Samadhi: letteralmente 'cessazione delle oscillazioni della mente'; stato trascendentale in cui il sé individuale è unito al Sé Supremo.

Sankalpa: risoluzione o intenzione divina; riferito ad Amma, indica spesso la sua benedizione per un buon risultato.

Sannyasa: voto formale di rinuncia dopo il quale si indossa la veste di colore ocra, a simboleggiare il fuoco che ha bruciato tutti i desideri.

Satsang: comunione con la Verità suprema. Signiffica anche essere in presenza di un Mahatma, ascoltare un discorso o una conversazione spirituale, partecipare a pratiche spirituali in una comunità di ricercatori spirituali.

Sattvico: qualità della purezza, della luce, della profondità spirituale; una delle tre qualità della natura: tamas, rajas e sattva.

Seva: servizio altruistico i cui risultati sono offerti a Dio.

Shraddha: consapevolezza, fede.

Talam: ritmo o tempo di una canzone.

Tamasico: qualità dell'oscurità, inerzia, pigrizia; una delle tre qualità della natura: tamas, rajas e sattva.

Tirtham: acqua sacra, riferito anche a uno specchio d'acqua situato nei pressi di un luogo sacro o di un tempio, un laghetto o una vasca in cui ci si immerge prima di entrare nel tempio.

Vasana: tendenze latenti, desideri sottili della mente che si manifestano sotto forma di azioni e di abitudini.

www.ingramcontent.com/pod-product-compliance
Lightning Source LLC
LaVergne TN
LVHW051547080426
835510LV00020B/2896